ADAC Reiseführer

USA Südwest

von Ralf Johnen

W0041532

 ADAC Top Tipps

Das müssen Sie gesehen haben!
Die zehn Top Tipps bringen Sie
zu den absoluten Highlights.

 ADAC Empfehlungen

Unterwegs gut beraten: Diese
25 ausgesuchten Empfehlungen
machen Ihren Urlaub perfekt.

Preise für ein DZ mit Frühstück:
€ | bis 150 $
€€ | bis 250 $
€€€ | ab 250 $

Preise für ein Hauptgericht:
€ | bis 15 $
€€ | bis 25 $
€€€ | ab 25 $

■ Intro

■ ADAC Quickfinder

*Hier finden Sie die Orte, Sehens-
würdigkeiten und Attraktionen,
die perfekt zu Ihnen passen.*

■ Unterwegs

■ Service

Alle wichtigen reisepraktischen Informationen – von der Anreise über Notrufnummern bis hin zu den Zollbestimmungen.

Zu diesen Orten und Sehenswürdigkeiten finden Sie Detailkarten im Innenteil des Reiseführers.

Umschlag:

ADAC Top Tipps: Vordere Umschlagklappe, innen 1

ADAC Empfehlungen: Hintere Umschlagklappe, innen 2

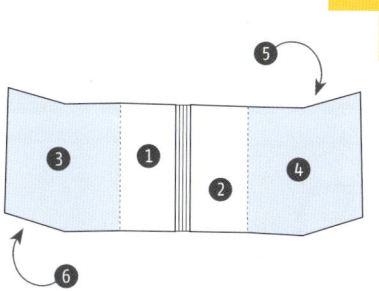

Übersichtskarte USA Südwest West: Vordere Umschlagklappe, innen 3
Übersichtskarte USA Südwest Ost: Hintere Umschlagklappe, innen 4

Stadtplan Las Vegas: Hintere Umschlagklappe, außen 5
Ein Tag in Las Vegas: Vordere Umschlagklappe, außen 6

Der Südwesten der USA – der Roadtrip des Lebens

Atemberaubende Nationalparks und spannende Städte machen eine Reise durch die fünf Staaten zu einem unvergesslichen Erlebnis

Zweispurige Panoramastraße mitten durch den Arches National Park in Utah

Die ultimative Glitzerstadt. Die wohl spektakulärste Schlucht auf Erden. Ebenso einsame wie fotogene Gebirge. Die Spuren verblichener Zivilisation, die Kulturen indigener Völker und die unendlichen Weiten der Wüste mit ihrer einzigartigen Vegetation. Über ein Dutzend Nationalparks von atemberaubender Schönheit, unzählige Naturdenkmale und weltberühmte Panoramastraßen.

Wer sich in dieser Region aufhält, freut sich über das riesige Freizeitangebot, in den Bergen, auf dem Wasser, im Sattel oder auf dem Golfplatz. Und auch die Koch- und Braukünste können sich in Arizona, Colorado, Nevada, New Mexico und Utah sehen lassen – ganz zu schweigen vom kulturellen Angebot. Zu guter Letzt wäre da noch ein überwältigendes Angebot an Einkaufsmöglichkeiten.

Unendliche Weiten

Für die Planung eines einzigen Urlaubs ist der Südwesten eine echte Herausforderung: Das Gebiet ist mit 1,4 Mio. Quadratkilometern rund viermal so groß wie Deutschland. Die Einwohnerzahl hingegen beträgt mit 21 Mio. lediglich ein Viertel der Bundesrepublik. Gewissenhafte Besucher

und all der kleineren geografischen Einheiten? Oder sind es doch eher die Menschen mit ihrer raubeinigen Vergangenheit und ihrer geschäftstüchtigen Gegenwart, die den Reiz der Region ausmacht? Pioniere und Entdecker, Cowboys und indigene Völker, ja sogar spanische und mexikanische Siedler haben über die Jahrhunderte ihre Ansprüche geltend gemacht. Nicht selten war dabei die Hoffnung auf den Fund von Gold, Silber, Öl und anderen Bodenschätzen die treibende Kraft.

Unabhängig von den Antworten auf diese Fragen konzentriert sich dieses Buch auf das Kerngebiet des Südwes-

Die unwirklich weißen Dünen im White Sands National Monument (unten) – Blick auf den Strip von Las Vegas (ganz unten)

müssen schon sechs Wochen Zeit mitbringen, um nur die wichtigsten Attraktionen abdecken zu können.

Pioniere und Entdecker

Schwieriger ist die Definition, was der Südwesten eigentlich ist. Kann man ihn wirklich an den Grenzen von fünf Bundesstaaten festmachen? Ist es die Topografie des Colorado-Plateaus, der Sonora-Wüste, der Rocky Mountains

Tafelberge im Monument Valley in Arizona (oben) – Blick auf den Stadtpark von Denver (Mitte) – Ausgetrocknete Ebene im Death Valley (unten)

ty finden keine Berücksichtigung, da sie nicht in das Konzept sechs in sich geschlossener und doch streckenmäßig nur lose gehaltener Routen passen.

Charaktere und Figuren

Als Einstieg in die Kapitel dient dabei jeweils der Ort, der mutmaßlich die meisten Besucher anzieht. In Nevada trifft das unweigerlich auf Las Vegas zu. Der ehemalige Sündenpfuhl hat sich mit seinen unwirklichen Kunstwelten zu einem Touristenziel von internationaler Bedeutung aufgeschwungen. Doch der Staat hat noch so viel mehr zu bieten – insbesondere die unendliche Weite und authentischen Charaktere, die auch heute noch an die Figuren erinnern, die Hollywood vor vielen Jahren mit so großer Leidenschaft auf die Leinwand gebracht hat.

tens. Geografisch abgelegene Gebiete wie die Carlsbad Caverns in New Mexico oder nicht direkt an Deutschland angebundene Städte wie Salt Lake Ci-

In unmittelbarer Nähe zu der Spielerstadt befindet sich mit dem Grand Canyon eine Naturattraktion, die wohl jeder einmal gesehen haben möchte. Erhaben und unvergesslich ist sein Anblick. Nord-Arizona aber ist auch das Durchfahrtsland der Route 66. Die »Mother Road« führte einst von Chicago nach Los Angeles, eine Reise, die stets auch mit der Hoffnung auf eine bessere Zukunft einherging.

Stadtwüste oder Wüstenstadt?

Ganz anders der Süden des Staates: Inmitten der Sonora-Wüste ist zwischen kargen Gebirgszügen und Wäldern aus Saguaro-Kakteen die Metropole Phoenix herangewachsen. Sie ist Mittelpunkt eines manchmal nur schwer zu durchschauenden Ballungsraums, der sich von einem Ende bis zum anderen über fast 100 Kilometer ausdehnt.

Pueblos und Puritanismus

Östlich davon liegt mit New Mexico die große Unbekannte des Quintetts. Der Staat hat sich erst 1912 den USA angeschlossen, was die Bewohner bis heute dazu zu animieren scheint, unangepasst zu bleiben. Die Hauptstadt Santa Fe ist mit ihren im Pueblo-Stil gehaltenen Häusern wahrlich einzigartig, während das Taos Pueblo ein wenig weiter im Norden seit mehr als 1000 Jahren von dem indigenen Volk bewohnt wird.

Auch Utah gestattet sich seine Eigenheiten: Der Staat war über Generationen hinweg fest in der Hand der Mormonen, die den Bewohnern eine weitgehend enthaltsame Lebensweise auferlegt haben. Ein gewisser Puritanismus zeichnet den Staat noch immer aus. Doch inzwischen hat Utah auch eine neue, junge Klientel angezogen. Diese fühlt sich einzig und allein

Mächtige Saguaro-Kakteen in der Wüste Arizonas

einer anderen festen Größe verbunden: der Natur. Und das ist angesichts der erstaunlichen Reichtümer alles andere als überraschend.

Las Vegas ist so geworden, wie Gott es machen würde, wenn er Geld hätte.

Steve Wynn, Casinomogul

Quirlige Metropole

Bliebe noch Colorado, das die klassischen Vorstellungen vom Südwesten vielleicht nur bedingt bedient, denn es sind die Rocky Mountains, die weite Teile des Staats prägen. Doch in dem mythenumrankten Gebirge und seiner Umgebung befinden sich 150 Geisterstädte, die von den Abenteurern der Vergangenheit zeugen. Auch Cowboys, gründerzeitliche Eisenbahnen und gemütliche Dörfer mit Backsteinbauten gehören zum Inventar. Unmittelbar westlich der Rockies ändert sich der Gesamteindruck, dann nimmt das mächtige Plateau seinen Lauf, dem der Colorado River sein Gesicht gegeben hat. Davon abgesehen ist das quirlige Denver die Stadt im Südwesten, die nicht nur am leichtesten erreichbar ist, sondern in der sich Europäer auch am wohlsten fühlen.

All das ergibt in der Summe Stoff für den Roadtrip des Lebens. Mit erhabenen Naturerlebnissen, spannenden Aktivitäten, dynamischen Städten, tollen Hotels, unendlich vielen Brauereien, einer überraschend vielseitigen Kultur und in aller Regel sehr freundlichen und hilfsbereiten Menschen.

Die Emerald Bay ist im Nordosten mit dem Lake Tahoe verbunden

Eine Reise in den Südwesten der USA ist im Prinzip zu allen Jahreszeiten möglich: Der Süden Arizonas, Las Vegas und die in allen fünf Staaten vertretenen Skigebiete haben im Winter Hochkonjunktur. Der Norden Arizonas, Colorado und das Hochland von Utah und New Mexico hingegen sind vor allem im Sommer beliebte Destinationen. Wer alle fünf Staaten erkunden möchte, ist daher mit dem Frühjahr und dem Herbst am besten bedient.

Der April ist ein echtes Highlight, weil dann in weiten Teilen der Wüste die Pflanzen blühen. Das ist ein ebenso fantastischer Anblick wie das gelbe Laub der Espen Colorados im Oktober. Höchste Zeit also, auf Entdeckungstour durch diese fantastische Region zu gehen.

Hauptstädte Arizona: Phoenix; Colorado: Denver; Nevada: Carson City; New Mexico: Santa Fe; Utah: Salt Lake City

Amtssprache Englisch

Währung US-Dollar

Fläche New Mexico: 314 161 km²; Arizona: 294 207 km²; Nevada: 284 332 km²; Colorado: 268 431 km²; Utah: 212 818 km² (Deutschland: 357 376 km²)

Tourismus Zuletzt kamen allein aus Deutschland etwa 2,2 Mio. Besucher pro Jahr.

Religion 69 Prozent der amerikanischen Bevölkerung sind Christen, 24 Prozent gehören keiner Religion an.

. . . .

Nevada ist der trockenste der 50 US-Bundesstaaten.

Utah Hier mussten in den Restaurants alkoholische Getränke bis 2017 durch Milchglas abgeschirmt werden.

Colorado hat die drittmeisten Brauereien der USA.

New Mexico Hier haben 48 Prozent aller Einwohner hispanische Wurzeln – Platz 1 in den USA.

Arizona Die Wüste Arizonas ist der weltweit einzige Ort, wo Saguaro-Kakteen wachsen.

Das will ich erleben

Spektakuläre Schluchten, formschöne Berge, bizarre Felsformationen und mächtige Wüsten. All dies finden Besucher in den Nationalparks des Südwestens der USA. Viele von ihnen sind über einzigartige Panoramastraßen erreichbar. Die überraschend vielseitige Kultur, aufregende Städte und eine hinreißend schöne und interessante Vegetation sind weitere Anreize für eine Reise in diesen Teil der Vereinigten Staaten. Bleiben noch die neuamerikanische Esskultur, eine Biervielfalt, die sich hinter dem deutschen Vorbild nicht verstecken muss, und natürlich endlose Shopping-Möglichkeiten.

Western von gestern

Vor nicht allzu langer Zeit galt der Südwesten der USA noch als das Land von raubeinigen Abenteurern, hoffnungsvollen Entdeckern und beherzten Draufgängern. Einige Orte erinnern auch heute noch auf authentische Weise an die wilden Zeiten und Menschen zum Ende des 19. Jh. mit traditionellen Saloons und Inszenierungen des Lebens zur damaligen Zeit.

Metropolen von heute

Der Südwesten der USA ist mit spektakulären Landschaften überaus reich gesegnet. Aber auch die überraschend unterschiedlichen Städte in den fünf Bundesstaaten haben sich dank ihrer Historie und eines ureigenen Flairs zu interessanten Touristenattraktionen gemausert. Einige der Innenstädte eignen sich auch ohne Mietwagen zur Erkundung.

Einzigartige Straßen

Ein Roadtrip ist ohne denkwürdige Straßen nicht vorstellbar. Gut, dass im Südwesten unvergessliche Fahrerlebnisse keine Seltenheit sind. Die Bandbreite erstreckt sich von historischen Routen bis zu abenteuerlichen Passstraßen.

Spaß für Kinder

Nationalparks, Städte und Panoramastraßen sind schön und gut. Doch die kinderfreundlichen USA tragen auch Sorge, dass Kinder jeden Alters auf ihre Kosten kommen.

Shop till you drop

Einkaufen gehört zu den Lieblingsbeschäftigungen von USA-Reisenden. Vor allem Textilien, Schuhe und Outdoor-Bedarf sind tatsächlich preiswert. Entsprechend vielseitig ist das Angebot. Achten Sie auf die Einhaltung des vom Zoll zugelassenen Warenwerts, die Freimenge beträgt 430 Euro.

Reiche Geschichte

Der Westen der USA ist ein kulturloser Landstrich? Von wegen: Lange vor den angloamerikanischen Siedlern haben Spanier und die indigenen Völker das Land geprägt.

Einzigartige Vegetation

Die Pflanzenwelt des Südwestens ist schlichtweg atemberaubend. Alle Regionen sind die Heimat einzigartiger Bäume, Kakteen oder Blumen.

Unvergessliche Erlebnisse

Die abgeschiedenen Landschaften und die einzigartigen Naturparks laden zu Erkundungen ein, die kein Urlauber so schnell vergessen wird.

Gute Gerstensäfte

Viel zu lange galten die USA als Entwicklungsland in Sachen Bierkultur. Das hat sich gründlich gewandelt: Fast jedes Dorf besitzt heute eine eigene Brauerei. Nachdem der IPA-Trend abebbt, ist Kölsch nun der letzte Schrei.

Einmalige Aussichten

Wer gern tief hinabblickt, kommt zwischen Denver und Las Vegas in den Genuss unterschiedlichster Aussichten, die alle auf ihre Weise von einmaliger Schönheit sind.

Wegweisende Kunst

In einer Region mit vergleichsweise kurzer Siedlungsgeschichte ist die Präsenz von Hochkultur keine Selbstverständlichkeit. Doch an hochwertigen Museen, lebendigen Galerien und einzigartigen Bauwerken besteht im Südwesten kein Mangel.

Unterwegs

Die fünf Bundesstaaten im Südwesten der USA warten mit beeindruckenden Naturphänomenen auf, darunter die tiefe Schlucht des Grand Canyon, die der Colorado River gegraben hat

Las Vegas und Nevada

*Im Schatten der Spielermetropole breitet sich ein Stück Amerika aus,
das mit Natur und dem Lebensgefühl vergangener Zeiten begeistert*

Die glitzernde Wüstenmetropole Las Vegas hat Nevada ein Gesicht gegeben. Mit ihrem überwältigenden Angebot an Casinohotels, Shows, Restaurants und Läden übt die Stadt eine Faszination auf Besucher aus aller Welt aus. Die immer noch wachsende Strahlkraft von Sin City hat aber auch zur Folge, dass der Rest Nevadas gern übersehen wird. Der Bundesstaat ist fast so groß wie Deutschland und ist sehr vielseitig – die Bandbreite reicht vom monumentalen Death Valley bis zu 4000 m hohen Bergen. Der hinreißend schöne Lake Tahoe mit seinen Skigebieten und Westernstädtchen wie Virginia City setzen weitere Akzente. Nicht zuletzt aber steht Nevada auch für eine Weite, die in Europa unbekannt ist. Bestes Beispiel ist der Highway 50. Während Las Vegas das gesamte Jahr über seine Reize hat, sind die Monate April, Mai, September und Oktober wegen der gemäßigten Temperaturen die beste Reisezeit für einen Roadtrip.

In diesem Kapitel:

ADAC Top Tipps:

1 Las Vegas
| Stadt |

Die glitzernde Wüstenstadt ist mit der Erzeugung von Illusionen und grenzenlosen Unterhaltungsmöglichkeiten so erfolgreich wie nie zuvor. Auch Naturen, die dem Glücksspiel nicht zugeneigt sind, können hier viel entdecken. 18

2 Lake Tahoe
| See |

Eine Gebirgslandschaft und Gelbkiefernwälder umrahmen den am Rand der Sierra Nevada gelegenen See. Er ist für seine Strände und Skigebiete gleichermaßen bekannt und überaus beliebt. 29

ADAC Empfehlungen:

1 Arts District, Las Vegas
| Stadtviertel |

Las Vegas verändert sich: In sicherer Distanz zu den Casinohotels entwickelt sich eine Alternative mit coolen Bars, Cafés und Läden.

2 Ash Meadows National Wildlife Refuge
| Naturschutzgebiet |

Die Oase beherbergt sensible Gewässer. Obwohl das Naturschutzgebiet bereits zum Death Valley gehört, ist es nahezu unbekannt.

3 Goldfield, Death Valley
| Geisterstadt |

Nachdem die Boomtown schon fast verlassen war, erlebt sie nun einen zweiten Frühling.

4 Diamond Peak Ski Resort
| Skigebiet |

Die Abfahrten in dem überschaubaren Skigebiet gestatten atemberau-

bende Aussichten auf den Lake Tahoe und die Sierra Nevada.

5 Red Dog Saloon, Virginia City
| Bar |

In dieser Bar kultivieren die Einwohner von Virginia City den Mythos des Wilden Westens.

6 National Automobile Museum, Reno
| Museum |

Die Sammlung des Hotelmoguls William F. Harrah begeistert mit über 200 klassischen und antiken Automobilen.

1 Las Vegas

Welthauptstadt des Entertainments

Blick auf den Strip mit dem See des Bellagio und dem Eiffelturm des Paris Las Vegas

 Information

■ Visitor Information Center, 3150 Paradise Rd, Las Vegas, NV 89109, www.visitlasvegas.com, Tel. 877 847 48 58, Mo–Fr 8–17.30 Uhr
■ Parken: siehe S. 22

 Die aufregende Wüstenmetropole erfindet sich neu

Las Vegas ist eine Grenzerfahrung. Vom Sündenpfuhl amerikanischer Pioniere hat die Wüstenstadt binnen weniger Jahrzehnten den erstaunlichen Wandel zur unumstrittenen Kapitale des Vergnügens geschafft. Mit einem unermüdlichen Drang zur Selbsterneuerung und einem gehörigen Geltungsbedürfnis ausgestattet, präsentiert die Stadt in schneller Taktung immer neue Attraktionen. Die meisten stehen am South Las Vegas Boulevard, dem sogenannten Strip. Hier errichten die großen Hotelkonzerne klischeehaft verkürzte Kopien beliebter Städte wie Paris, Venedig und New York oder Parallelwelten, die den Fokus auf ein Thema wie Südostasien oder Ägypten werfen. Noch befinden sich in den erstaunlich großen Bauten riesige Flächen für Spielautomaten und andere Formen des Glücksspiels. Doch immer mehr Besucher lassen sich lieber von den Konsumangeboten verführen: Alle Casinohotels beherbergen glitzern-

Plan
S.21 und S.24

Nähe lockt neuerdings auch der Arts District zum Besuch, wo sich die kommerzorientierte Spielerstadt von ihrer menschlichsten Seite zeigt.

Strip

Glitzerndes Paralleluniversum aus Hotels und Casinos

Im engeren Sinne beginnt der Strip im Süden an jenem rautenförmigen Schild, das Besucher mit dem selfiefreundlichen Schriftzug »Fabulous Las Vegas« willkommen heißt. Der dicht bebaute Teil des Boulevards zieht sich über gut zehn Kilometer bis zum Stratosphere Tower. Dabei wird er von nicht weniger als 24 der 50 weltweit größten Hotels flankiert, die sich mit Casinos, Shows und Läden zu überbieten versuchen. Neuerdings liegt der Schwerpunkt verstärkt auf Architektur, Design, Restaurants und Badelandschaften. Trotz erheblicher Distanzen lässt sich der Strip zu Fuß erkunden – die Monorail und andere Bahnen beschleunigen den Transport.

 Sehenswert

 Aria
| Casinohotel |
Der elegant geschwungene Palast aus Glas und Stahl präsentiert sich mit viel Design als zeitgenössische Variante des Erlebniscasinos und kommt dabei ohne themenparkartige Motive aus. Cineasten kennen das Haus als Schauplatz des Films »Last Vegas« (2013).
■ 3730 S Las Vegas Blvd, Tel. 702 590 71 11, www.aria.com

de Shoppingmalls und eine wachsende Anzahl guter bis sehr guter Restaurants. Die Shows von etablierten Größen aus Rock und Pop, der Elite global agierender Entertainment-Ensembles und neuerdings auch Profisport bürgen für einen mit Höhepunkten gespickten Tag. Die Zeiten, als Las Vegas als Billigdestination galt, sind unterdessen vorbei: Während Hotelzimmer, Kulinarik und Shows mittlerweile als hochpreisig gelten dürfen, sind die am Strip angebotenen Konsumgüter schlicht und ergreifend teuer. Die Freude der globalen Kundschaft scheint das nicht zu mindern. Preiswerter sind Randlagen wie das altehrwürdige Downtown. Ganz in der

ADAC *Spartipp*

Las Vegas Explorer Pass und Mile High Culture Pass Denver
Wer Attraktionen abklappern will, kann in Las Vegas zum Explorer Pass greifen, der zum Besuch von 34 Sehenswürdigkeiten und Events berechtigt. Der All-inclusive-Pass kostet 134 Dollar (2 Tage), ein Kontingent von drei Sehenswürdigkeiten 80 Dollar (7 Tage/140 $). In Denver (S. 88) gibt es den »Mile High Culture Pass«, der nach einem ähnlichen Prinzip funktioniert (ab 32,50 $).
www.smartdestinations.com, culturepass.denver.org

 Bellagio
| Casinohotel |
Das Bellagio unterscheidet sich von allen anderen Casinos, da es nicht in erster Instanz zum Betreten der Innenräume animiert. Mit einem großflächigen See, dessen Ufer an den Strip grenzt, lädt es vielmehr zum Verweilen unter freiem Himmel ein. Das Gesamtensemble ist dem gleichnamigen Dorf am Comer See nachempfunden.
■ 3600 S Las Vegas Blvd, Tel. 702 693 71 11, www.bellagio.com

3 **Paris Las Vegas**
| Casinohotel |
Mit einem Eiffelturm im Maßstab 1:2, dem Arc de Triomphe und der typischen Bildersprache der französischen Kapitale kommt Nevadas Antwort auf Paris durchaus gelungen daher. Die Aussichtsplattform befindet sich auf 140 m Höhe.
■ 3655 S Las Vegas Blvd, Tel. 877 796 20 96, www.caesars.com/paris-las-vegas

4 **Caesars Palace**
| Casinohotel |
Im Jahr 1966 eröffnet, gehört das Caesars Palace bis heute zu den Ikonen von Las Vegas. Der Bau vereint Elemente eines antiken römischen Palastes mit dem Nachbau des Trevi-Brunnens und anderen Attraktionen der italienischen Hauptstadt. Die Einkaufspassage wird von einem stilisierten blauen Himmel mit virtuellen Wolken überdeckt.
■ 3570 S Las Vegas Blvd, Tel. 866 227 59 38, www.caesars.com

5 **The Venetian**
| Casinohotel |
Vom Dogenpalast über den Campanile und die Rialto-Brücke bis zum Markusplatz begeistert das aktuell zweitgrößte Hotel der Welt (gemeinsam mit dem Palazzo 7128 Zimmer) mit einem taubenfreien Nachbau der Lagunenstadt – inklusive anmietbaren Hallengondeln. Dazu gehören 18 Restaurants, zahlreiche Läden und Boutiquen sowie ein Casino.
■ 3355 S Las Vegas Blvd, Tel. 702 414 10 00, www.venetian.com

6 **Stratosphere Tower**
| Aussichtsturm |
Der 350 m hohe Turm dominiert die Skyline von Las Vegas. Neben dem Ausblick bietet die Besucherplattform diverse Fahrgeschäfte, die über die Grenzen des Gebäudes hinausgehen: ein Katapult zur Turmspitze sowie einen kontrollierten »sky jump« aus 253 m Höhe. Bodenständigere Charaktere können auch vom Drehrestaurant den Blick auf den Strip genießen.
■ 2000 S Las Vegas Blvd, Tel. 702 380 77 77, www.stratospherehotel.com, So–Do 10–1, Fr, Sa 11–2 Uhr, Plan S. 24

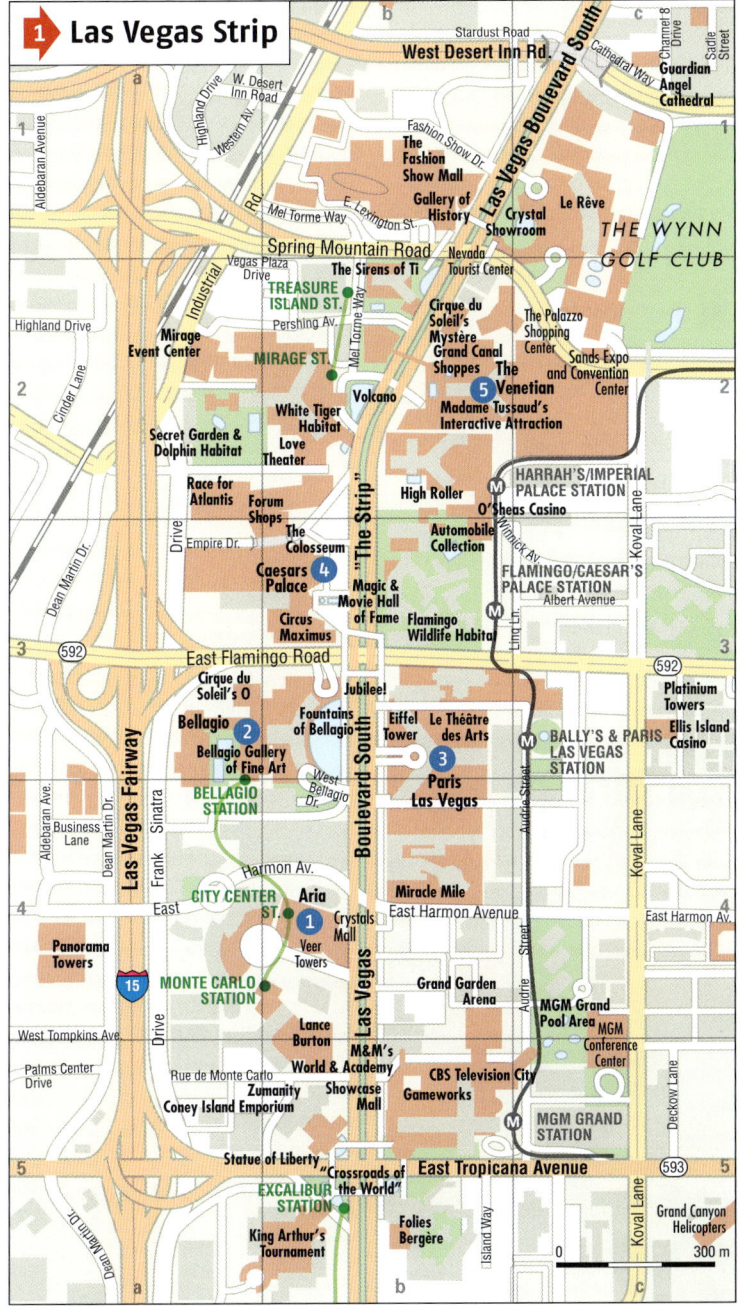

1 Las Vegas Strip

Stardust Road
West Desert Inn Rd.
W. Desert Inn Road
Las Vegas Boulevard South
Cathedral Way
Channel 8 Drive
Guardian Angel Cathedral
Sadie Street

Highland Drive
W. Desert Inn Road
Western Av.
Highland Drive

Aldebaran Avenue

Fashion Show Dr.
E. Lexington St.
Mel Torme Way

The Fashion Show Mall
Gallery of History
Crystal Showroom
Le Rêve

THE WYNN GOLF CLUB

Cinder Lane

Industrial Rd.
Vegas Plaza Drive
Mel Torme Way

Spring Mountain Road
Nevada Tourist Center

The Sirens of Ti

TREASURE ISLAND ST.
Pershing Av.

Cirque du Soleil's Mystère
Grand Canal Shoppes
The Venetian **5**
The Palazzo Shopping Center
Sands Expo and Convention Center

Mirage Event Center

MIRAGE ST.

Volcano
Madame Tussaud's Interactive Attraction

Dean Martin Dr.

White Tiger Habitat
Love Theater
Secret Garden & Dolphin Habitat

Race for Atlantis
Forum Shops
The Colosseum
Caesars Palace **4**
Circus Maximus

"The Strip"

Empire Dr.

Magic & Movie Hall of Fame
Flamingo Wildlife Habitat

High Roller
Automobile Collection
O'Sheas Casino

HARRAH'S/IMPERIAL PALACE STATION M

FLAMINGO/CAESAR'S PALACE STATION M
Albert Avenue

Winnick Av.
Koval Lane

East Flamingo Road
(592)
(592)

Cirque du Soleil's O
Bellagio **2**
Bellagio Gallery of Fine Art
BELLAGIO STATION

Jubilee!
Fountains of Bellagio
West Bellagio Dr.

Eiffel Tower
Le Théâtre des Arts **3**
Paris Las Vegas

Ling Ln.

Platinum Towers
Ellis Island Casino
BALLY'S & PARIS LAS VEGAS STATION M

Boulevard South

Audrie Street

Las Vegas Fairway

Aldebaran Ave.
Business Lane
Dean Martin Dr.
Frank Sinatra
East

Harmon Av.
CITY CENTER ST.
Aria **1**
Crystals Mall
Veer Towers

Miracle Mile
East Harmon Avenue
East Harmon Av.

Koval Lane

Panorama Towers

15
MONTE CARLO STATION
Drive

Grand Garden Arena

MGM Grand Pool Area
MGM Conference Center

Deckow Lane

West Tompkins Ave.
Palms Center Drive

Lance Burton
M&M's World & Academy
Rue de Monte Carlo
Zumanity
Coney Island Emporium
Showcase Mall
CBS Television City
Gameworks

MGM GRAND STATION M

Statue of Liberty
"Crossroads of the World"
EXCALIBUR STATION
King Arthur's Tournament
Folies Bergère

East Tropicana Avenue
(593)

Island Way

Grand Canyon Helicopters

0   300 m

Parken

Die Hotels am Strip besitzen Parkhäuser, die Tagesrate liegt bei etwa 15 Dollar. Hotelgäste benötigen ihre Zimmerschlüssel zur Ausfahrt. Abseits des Strips ist die Benutzung der Parkhäuser meist inbegriffen, bei einigen sogar mit Valet Parking (S.62).

Restaurants

€–€€ | The Beerhaus Hausgemachte Biere und modernes Kneipenessen mit vielen Plätzen unter freiem Himmel. So sieht die amerikanische Umsetzung des klassischen deutschen Biergartens aus. Großzügige Happy Hour von 14 bis 18 Uhr. ■ Park MGM, 3784 S Las Vegas Blvd, Tel. 702 692 23 37, www.theparkvegas.com, Mo–Do 11–1, Fr 11–2, Sa, So 10–1 Uhr, Plan S.21 b5

Der britische Rennwagen AC Cobra im Carroll Shelby Museum

€€€ | Eiffel Tower Restaurant Der Genuss französischer Kochkunst mag die vordergründige Facette des Besuchs in diesem Lokal sein. Nicht weniger exklusiv ist die Erfahrung, im detailgetreuen Nachbau der bekanntesten Pariser Touristenattraktion zu verweilen. ■ Paris Hotel, 3655 S Las Vegas Blvd, Tel. 702 948 69 37, www.eiffeltower restaurant.com, Mo–Fr 11.30–15, Sa, So 10–15, So–Do 16.30–22.30, Fr, Sa 16.30–23 Uhr, Plan S.21 b3

€€€ | Sushi Samba Das vielleicht beste Sushi-Restaurant der Stadt begeistert mit »front cooking«, schickem Design und kühnen Gerichten. Die Preise haben es in sich. ■ The Venetian, 3355 S Las Vegas Blvd, Tel. 702 607 07 00, www. venetian.com, So–Mi 11.30–1, Do–Sa 11.30–2 Uhr, Plan S.21 b2

Einkaufen

My Town Square Shoppingmall mit über 125 Läden unter freiem Himmel. Sehr praktisch für alle, denen auf dem Weg zum Flughafen einfällt, dass sie ihre Besorgungen vergessen haben. ■ 6605 S Las Vegas Blvd, Tel. 702 269 50 01, www.mytownsquarelasvegas.com, Mo–Do 10–21, Fr, Sa 10–22, So 11–20 Uhr, Plan S.21 südl. von b5

In der Umgebung

Carroll Shelby Museum
| Museum |
Kostenlos zu besichtigendes Werk und Ausstellungshaus des legendären Muscle-Car-Tuners mit Auto-Schau und Geschenke-Shop.
■ 6405 Ensworth St, Tel. 844 974 35 29, www.shelby.com, Mo–Sa 9.30–18, So 10–16 Uhr, Führungen Mo–Fr 10.30, 13.30, Sa 10.30 Uhr, Eintritt kostenlos

Downtown

*Das alte Herz von Sin City
schlägt wieder*

Lange Zeit schien es angesichts der schillernden Welten am Strip fast vergessen, doch knapp fünf Kilometer nordöstl. des Stratosphere Tower steht immer noch die alte Downtown. Hier hat Las Vegas nach der Legalisierung des Glücksspiels seinen einzigartigen Werdegang begonnen. Dem casinolastigen Abschnitt der Fremont Street wurde durch eine Überdachung mit zweifelhaftem Erfolg neues Leben einzuhauchen versucht. Nur ein paar Schritte entfernt aber wissen die Fremont und ihre Seitenstraßen zu gefallen. Weiter südlich im Arts District zeigt sich Vegas von seiner hippen Seite.

 Sehenswert

 Arts District
| Stadtviertel |
 *Casinofreie Zone mit
Galerien und coolen Shops*
Einige Blocks südl. von Downtown zeigt sich Las Vegas von einer bis vor Kurzem undenkbaren Seite: In leer stehende Lagerhallen sind Cafés, Restaurants, Galerien und Fachgeschäfte für Vintage-Bekleidung und Andenken an das Amerika vergangener Zeiten eingezogen. Eine wohltuende Abwechslung zur hektisch vor sich hin blinkenden Hochglanzstadt.
 Zwischen S Main St, S Casino Center Blvd und E Charleston Blvd

Fremont Street
| Fußgängerzone |
Die Magistrale des »alten« Las Vegas wurde kürzlich zwischen Strip und Main Street überdacht. Seitdem kön-

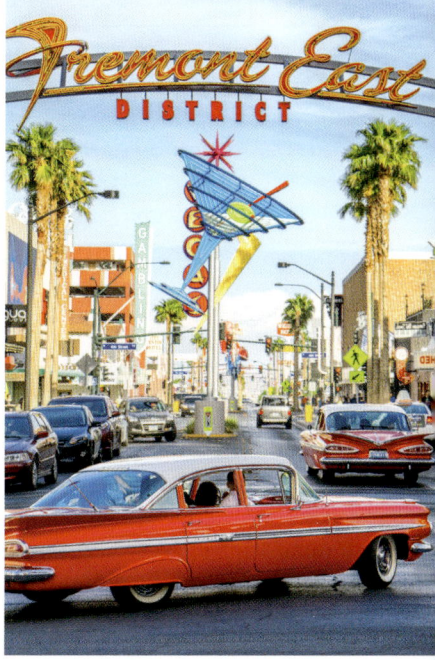

Alter, roter Cadillac in der Fremont Street in Downtown Las Vegas

nen Besucher an einer Zipline durch den Korridor jagen. Ebenso wie die Fußgänger sehen sie neben Casinoklassikern (Golden Nugget) billige Souvenirläden, aufreizend bekleidete Damen und Bars mit Plastikbecherausschank. An der Ostseite stehen unter freiem Himmel einige Leuchtreklamen aus vergangenen Zeiten. Auch haben hier und in den Seitenstraßen einige nette Restaurants mit Tischen unter freiem Himmel aufgemacht.

 Downtown Container Park
| Fußgängerzone |
In ausrangierten Schiffscontainern und ähnlichen Behältnissen befinden sich Läden, Bars, Restaurants und sogar Kinderspielplätze. Die Container sind so angeordnet, dass sie den Besuchern

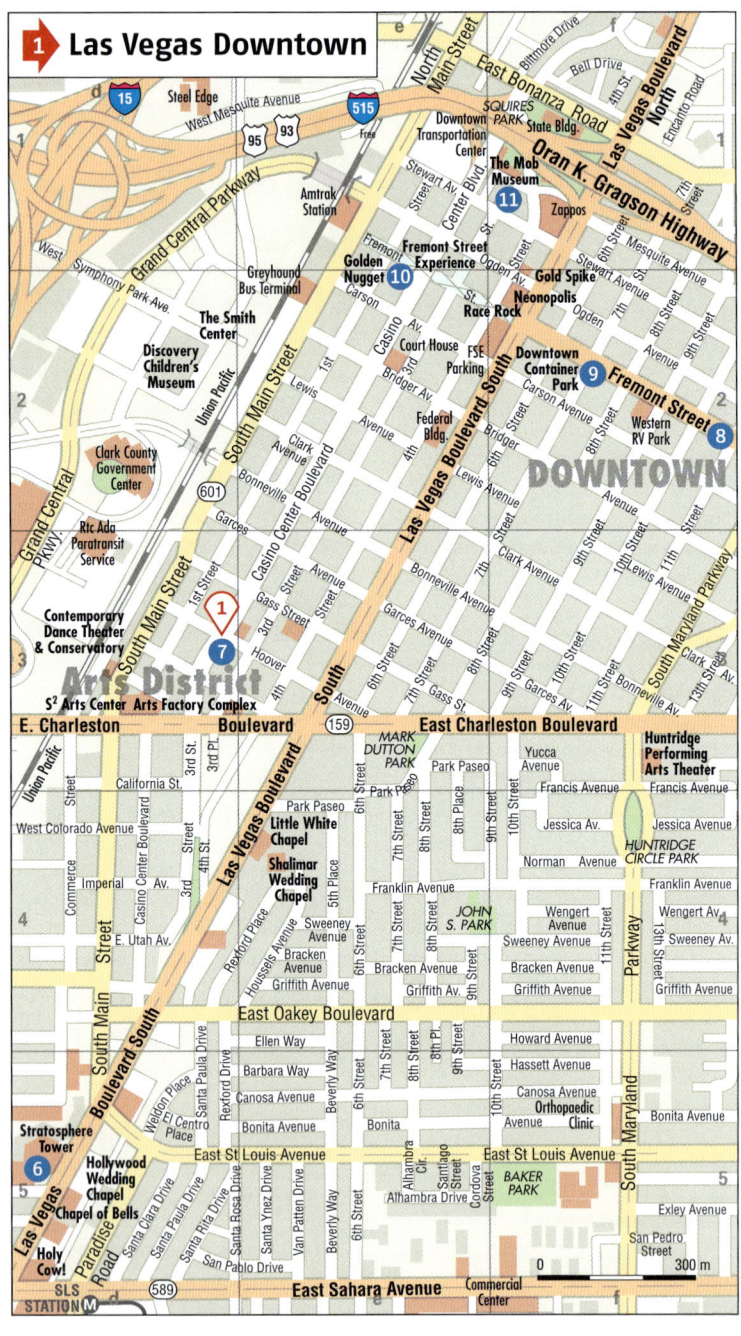

Las Vegas Downtown

einen entspannten Rückzugsort vom ansonsten hektischen Treiben der Stadt bieten.

■ 707 Fremont St, www.downtown containerpark.com, tgl. 11–21 Uhr (Restaurants länger)

⑩ Golden Nugget
| Casinohotel |

Das ehrwürdige Haus hat bereits im Jahr 1946 seine Pforten geöffnet. 1971 war es Schauplatz des James-Bond-Films »Diamantenfieber«. Mit 2400 Zimmern ist das Haus heute das größte Casinohotel in Downtown. Zu den bizarren Attraktionen gehört ein Haifischbecken, das abenteuerlustige Zeitgenossen in einer Rutschbahn aus Plexiglas durchqueren können.

■ 129 E Fremont St, Tel. 702 385 71 11, www.goldennugget.com

⑪ The Mob Museum
| Museum |

Bis in die 1970er-Jahre war Las Vegas fest in der Hand der organisierten Kriminalität. Das im ehemaligen Gerichtsgebäude untergebrachte Museum gewährt seit 2012 einen Überblick über die Machenschaften der Mafia. Zu den makabren Exponaten gehört auch der Nachbau eines elektrischen Stuhls.

■ 300 Stewart Ave, www.themob museum.org, Do–Sa 9–12, So–Mi 9– 22 Uhr, ab 27 $

Restaurants

€ | **Makers & Finders** Wunderbares Lokal mit ebenso vorzüglichem wie gesundem Essen in entspannter Atmosphäre. ■ 1120 S Main St, Tel. 702 586 82 55, www.makerslv.com, Mo–Do 7–20, Fr, Sa 7–21, So 9–15 Uhr, Plan S. 24 d3

€€ | **La Comida** Mexikanische Küche in angenehmem Ambiente mit Plätzen im Freien. ■ 100 S 6th St, Tel. 702 463 99 00, www.lacomidalv.com, Di–Do 11.30–22.30, Fr, Sa 12–24, So 12–23 Uhr, Plan S. 24 f2

Cafés

Vesta Coffee Roasters Angesagtes Café, wo der Kaffee der Zukunft gebraut wird – mit Macadamiamilch. ■ 1114 S Casino Center Blvd, Tel. 702 685 17 77, www.vestacoffee.com, tgl. 7–16, Sa, So ab 8 Uhr, Plan S. 24 d3

Im Blickpunkt

Der Wandel von Sin City

Lange lockte Las Vegas mit Glücksspiel, Strip-Shows, billigen Büfetts und Hotelpreisen von 30 oder 40 Dollar pro Nacht. Diese Zeiten sind aber definitiv vorbei: Sin City hat sich von der billigen Spielerstadt zum globalen Tourismuszentrum aufgeschwungen. Besucher kommen auch aus Asien, Südamerika und Europa – und sie reisen nicht in der Hoffnung an, den Jackpot zu knacken. Vielmehr wollen sie das Gesamtkunstwerk Las Vegas entdecken. Ein Feuerwerk der Illusionen und eine glitzernde Konsumwelt. Für die Stadt ist das ein Glücksfall, denn das Zocken erweist sich für die jüngeren Generationen zunehmend als uninteressant. Schon heute kommen mehr als 20 Hotels ohne Casino aus. Ein Trend, der sich beschleunigen dürfte. Der Wandel zu einer hochpreisigen Qualitätsdestination scheint geschafft.

Einkaufen

Antique Alley Mall 55 Einzelhändler bieten in dieser Lagerhalle ihre Antiquitäten und Liebhabergegenstände an. Das Angebot reicht von Zapfsäulen über Autogrammkarten von Mafiamitgliedern bis zu Klamotten aus den Beständen von Schauspielerinnen. ■ 1126 S Main St, Tel. 702 684 51 77, www.antique alleymall.com, tgl. 10–18 Uhr, Plan S. 24 d4

 Bühne

Cirque du Soleil Die Show-Spezialisten sind seit über 20 Jahren mit zurzeit sieben unterschiedlichen Shows auf verschiedenen Bühnen in Las Vegas präsent. ■ www.cirquedusoleil.com/las-vegas, Tickets ab 59 $

ADAC *Mobil*

Blue Man Group Das Ensemble blau geschminkter Akrobaten erfreut regelmäßig mit seiner eigenwilligen Choreografie. ■ Luxor, 3900 S Las Vegas Blvd, www.luxor.com, Tickets ab 59 $, Plan S. 21 südl. von b5

 Erlebnisse

Dream Racing Auf der Rennstrecke können Geschwindigkeitsfanatiker ihre Leidenschaft am Steuer von Rennwagen ausleben. Zur Verfügung stehen von der Corvette bis zum Lamborghini alle möglichen »super cars«. ■ Las Vegas Motor Speedway, 7000 N Las Vegas Blvd, Tel. 702 605 30 00, www.dreamracing.com, ab 299 $, Plan S. 24 nordöstl. von f1

 Sport

Vegas Golden Knights Schon in ihrer Debütsaison 2017/18 hat die Eishockeymannschaft völlig überraschend für Furore gesorgt. Das NHL-Team ist der erste Vertreter von Las Vegas in einer der vier großen US-Ligen. Heimat ist die nagelneue T-Mobile-Arena mit 20 000 Plätzen. ■ www.nhl.com/golden knights

 In der Umgebung

Red Rock Canyon
| Schlucht |
Die nächstgelegene Naturattraktion besticht mit den typischen Felsenformationen des amerikanischen Westens, Wander- und Radwegen sowie für eilige Besucher mit einem 21 Kilometer langen »scenic drive«. ■ 1000 Scenic Loop Dr, Las Vegas (27 km westl. vom Strip), Tel. 702 515 53 50, www.redrockcanyonlv.org, tgl. ab 6 Uhr, 15 $ pro Fahrzeug

Blick von Zabriskie Point auf die bizarre Erosionslandschaft im Death Valley

2 Death Valley National Park

Das Tal des Todes ist ebenso heiß wie unwirtlich

 Information

■ Furnace Creek Visitor Center, California Highway 190, CA 92328, Tel. 760 786 32 00, www.nps.gov/deva, tgl. 8–17 Uhr, 25 $ pro Fahrzeug

Der heißeste, trockenste und am tiefsten gelegene Nationalpark der USA befindet sich zum überwiegenden Teil auf kalifornischem Terrain. Die unwirtliche Wüstenlandschaft wartet mit einigen Standardattraktionen auf, die mit dem Auto bequem zugänglich sind. Wer über die US 190 aus Richtung Nevada anreist, stößt mit Zabriskie Point zunächst auf den wohl berühmtesten Ausblick des Nationalparks. Von der Kuppe eines Hügels reicht der Blick ebenso auf nahe wie auf weiter entfernt liegende Gesteinsformationen. 6,5 Kilometer weiter westl. künden die Palmen des Furnace Creek Inn von einer Oase. Hier zweigt auch die Straße ins Badwater Basin ab. 27 Kilometer weiter südlich ist der mit 86 m unter dem Meeresspiegel tiefste Punkt des amerikanischen Kontinents erreicht. Je nach Jahreszeit ist hier nicht nur eine salzige Ebene, sondern auch eine Wasserader zu bewundern. Sehr beeindruckend ist der Blick hinauf zu einem Schild, das den Meeresspiegel markiert. Auf halber Strecke zurück gen Norden zweigt in Richtung Osten der Artists Drive ab, eine 14 Kilometer lange Rundstrecke, die wie immer in den Nationalparks wunderbar ausgebaut ist. Auf der anderen Seite der Badwater Road entfaltet sich mit dem sogenannten Devil's Golf Course eine feindselige Landschaft mit einer brachial zerfurchten Erdoberfläche.

In der Umgebung

Ash Meadows National Wildlife Refuge
| Naturschutzgebiet |

 Zauberhaftes Ökosystem am Rand des Death Valley

Das Naturreservat kurz vor der kalifornischen Grenze gehört zwar nicht zum Nationalpark Death Valley, aber doch zur geografischen Einheit. Ash Meadows beherbergt die Quelle Crystal Spring, die einen Bach, mehrere kleine Tümpel und einen künstlich aufgestauten See speist. Das fragile Ökosystem ist die Heimat von 26 endemischen Arten, darunter der als seltenster Fisch der Welt zu Buche stehende Devil's Hole Pupfish. Ein mit Planken ausgelegter Pfad führt durch das Areal.

■ 69 km östl. von Furnace Creek, 610 E Springs Meadows Rd, Amargosa Valley, Tel. 775 372 54 35, www.fws.gov/refuge/Ash_Meadows

Goldfield
| Geisterstadt |

 Revitalisierte Geisterstadt mit bizarren Autoskulpturen

Wie der Name andeutet, wurde am heutigen Highway 95 Gold gefunden. Wo sich 1904 bis zu 30 000 Menschen auf die Suche nach Reichtum gemacht haben, erinnern heute Saloons, Fördertürme und andere Relikte an die Boomzeit. Highlight ist der International Car Forest, der aus in den Boden gerammten Fahrzeugen besteht.

■ 176 km nördl. von Furnace Creek, www.goldfieldnevada.org

Rhyolite
| Geisterstadt |

Nach einem Goldfund 1904 entstand zwischen Felsen und Palmen eine ganze Stadt mit Bahn, Oper und Krankenhaus. Die Geisterstadt eignet sich vorzüglich für Foto-Sessions.

■ 64 km nördl. von Furnace Creek, www.nps.gov/deva

Car Forest aus in den Boden gerammten Fahrzeugen in der Geisterstadt Goldfield

Lake Tahoe

Herrlicher Bergsee mit Blick auf Kalifornien

i Information

▪ www.visitinglaketahoe.com

Die bis zu 3317 m hohen Berge der Carson Range und dichte Wälder aus Ponderosa-Kiefern bilden das ausgesprochen ansehnliche Dekor für den Lake Tahoe. Eine Tiefe von mehr als 500 m ist verantwortlich für die tiefblaue Farbe des 500 Quadratkilometer großen Bergsees. Und die Lage in 1900 m Höhe garantiert kalte Winter und erträgliche Sommer. All dies macht den See, den sich Nevada (zu etwa einem Drittel) und Kalifornien teilen, zu einer Ferienregion wie aus dem Bilderbuch. Die intensiven Farben und die wohltuende Luft erweisen sich schon nach kurzer Zeit als Balsam für die Seele. Die schönsten Badestrände befinden sich in Incline Village, im Sand Harbor State Park (www.parks. nv.gov, 10 $ pro Fahrzeug), an der Zephyr Cove Marina sowie am Nevada Beach beim Ort Stateline. Eine Rarität im prüden Amerika ist der Secret Cove Beach (www.secretcovenevada.com), wo das Nacktbaden gestattet ist. Das Parken kann an den Stränden mitunter problematisch sein. Der Lake Tahoe und die dahinter liegenden Berge eignen sich für die Ausübung von Wassersport ebenso wie zum Skilaufen. Autofahrer erfreuen sich an der 115 Kilometer langen Küstenstraße, die kaum einen landschaftlichen Vorzug auslässt. Ein rund um den See führender Radweg befindet sich zurzeit im Bau.

👁 Sehenswert

Diamond Peak Ski Resort
| Skigebiet |

 Wunderbares Skigebiet mit Blick auf den Lake Tahoe

Die Talstation ist von Incline Village per Shuttle binnen fünf Minuten erreicht. Zwar ist die Anzahl der Lifte überschaubar, die Pisten sind allerdings so reizvoll, wie der Ausblick auf den See und die Berge atemberaubend ist.
▪ 1210 Ski Way, Incline Village, NV 89451, Tel. 775 831 32 11, www.diamondpeak. com, Skipass 79 $ am ersten Tag

Sand Harbor State Park
| Naturpark |

Auf einer Halbinsel an der Ostküste zeigt sich der See von seiner allerschönsten Seite: Sandstrand, Findlinge und Koniferen bereichern die malerische Landschaft um weitere Elemente.
▪ Highway 28, 7 km südl. von Incline Village, Tel. 775 831 04 94, parks.nv.gov, tgl. 8 Uhr bis 1 Stunde nach Sonnenuntergang, 10 $ pro Fahrzeug

🚊 Verkehrsmittel

Auf dem See verkehren in den Sommermonaten einige Ausflugsschiffe.
▪ Ableger Tahoe Gal, Tahoe City, ab 28/ 15 $, www.tahoegal.com

🍴 Restaurants

€€€ | **Lone Eagle Grille** Vornehmes Lokal mit Blick auf den See. Während Naturstein, Holz und offenes Feuer für Wohlbehagen sorgen, erfreut die Küche mit neuamerikanischen Gerichten. ▪ 111 Country Club Dr, Incline Village, Tel. 775 886 68 99, www.loneeaglegrille.com, tgl. 11.30–15, 17.30–21, Fr, Sa bis 22 Uhr

Im Blickpunkt

Mark Twain im Südwesten

Der Lake Tahoe gehört zu den schönsten Flecken des Kontinents. Dies hat in den 1860er-Jahren auch ein Reisender namens Samuel Clemens erfahren, der von der Schroffheit des Westens bis zu diesem Zeitpunkt wenig angetan war. Gemeinsam mit einem Freund steckte der Abenteurer an den Ufern des Sees einen Land-Claim ab. Der wortgewaltige Beobachter sollte später als Mark Twain in die Literaturgeschichte eingehen. Auch am Lake Tahoe blieb Clemens' Anwesenheit nicht lange unbemerkt: Gemeinsam mit seinem Gefährten machte er ein Lagerfeuer, das außer Kontrolle geriet – die Bewaldung ganzer Bergflanken brannte nieder.

 Events

Lake Tahoe Shakespeare Festival Im Sand Harbor State Park befindet sich eine Freilichtbühne, auf der im Juli und August das Festival ausgetragen wird.
■ www.laketahoeshakespeare.com

 **4 Virginia City**

Lebendiges Westernstädtchen mit reicher Geschichte

 Information

■ Tourism Commission, 86 South C St, Virginia City, NV 89440, Tel. 775 847 75 00, www.visitvirginiacitynv.com, Mo–Sa 9–17, So 10–16 Uhr

Aus heutiger Sicht liegt Virginia City etwas ab vom Schuss. Doch als hier 1859 die Comstock-Silberader entdeckt wurde, entstand innerhalb weniger Jahre eine Stadt mit 30 000 Einwohnern. Die rauschhafte Suche nach Glück und Reichtum sollte den Goldrausch der 1860er-Jahre überdauern – bald aber kehrte in Virginia City wieder Ruhe ein. Geblieben ist ein hübsches Städtchen mit einem intakten Stadtbild, vielen Attraktionen und einigen Originalen, die auch in den TV-Serien der Gegenwart keinesfalls deplatziert wären. Ein Spaziergang lohnt auch abseits der Hauptstraße (C Street).

 Sehenswert

Ponderosa Saloon and Mine
| Silbermine |
Aus dem Saloon führt ein Schacht direkt in die Silbermiene. So hat der Abbau des Edelmetalls einst funktioniert, und so können ihn Besucher heute im Rahmen einer Führung erleben.
■ 106 South C St, Tel. 775 847 72 10, tgl. ab 12 Uhr, Führungen alle 30 Minuten, 7 $

Silver Terrace Cemetery
| Friedhof |
Kurioser Friedhof mit den Grabstätten memorabler Bewohner und teils sonderbaren Inschriften.
■ 381 Cemetery Rd, tgl. 6–20 Uhr

 Restaurants

 € | **Red Dog Saloon** Saloon der ersten Stunde mit hausgemachter Pizza, gutem Bier und Livemusik. Zur Geschichte gehört auch, dass hier 1968 mit einem Auftritt der Band The Charlatans die Psychedelic Rock erfunden wurde. ■ 76 North C St, Tel. 775 847 74 74, www.reddogvc.rocks, tgl. 11–21, Fr bis 23, Sa bis 24 Uhr

Einkaufen

Virginia City Hat Maker Für die Hüte zeichnet mit Pascal Baboulin ein freundlicher Franzose verantwortlich, der in alle Welt exportiert. ■ 144 South C St, Tel. 775 847 92 14, www.leschapeaux baboulin.com, tgl. 10–17 Uhr

 Reno

Unaufgeregte Casinostadt mit herrlicher Umgebung

Information

■ Reno Tahoe USA Visitor Center, 135 N Sierra St, Reno, NV 89501, Tel. 775 682 38 00, www.visitrenotahoe.com, tgl. 10–18 Uhr

ADAC *Wussten Sie schon?*

»Bonanza« – eine Ranch in Nevada

Für Fernsehzuschauer vergangener Tage gab es kein Entkommen: Fast täglich flimmerten die Abenteuer der Familie Cartwright über den Bildschirm. Ihre Heimat war die Ponderosa-Ranch, die sich gemäß einer im Vorspann eingeblendeten Karte zwischen den Ufern des Lake Tahoe, Reno und Virginia City befand. Die Ranch jedoch war fiktiv, und eine nach ihr benannte Touristenattraktion hat 2004 geschlossen. Gedreht wurde ohnehin überwiegend in den Warner-Bros.-Studios in Burbank, Kalifornien.

Reno hat sich selbst den Titel als »größte Kleinstadt der Welt« verpasst

Die größte Kleinstadt der Welt. Diesen Ehrentitel haben Marketingleute Reno (230 000 Einw.) verpasst – und damit kann die im Schatten der Sierra Nevada gelegene Stadt gut leben. Ähnlich wie in Las Vegas sind auch hier die blinkenden Lichterketten an den Casinos wie Peppermill, Atlantis und Grand Sierra das tonangebende städtebauliche Element. Allerdings wird Reno nicht von der Suche nach immer neuen Sensationen getrieben. Im Schatten von Downtown konnte sich Midtown (www.renomidtowndistrict.com) als Ausgehviertel ohne Glücksspiel etablieren. Und Reno scheint sogar für eine Zukunft ohne Roulette gut gerüstet: 2020 eröffnet hier eine Fabrik des E-Autobauers Tesla. Die Lage unweit der Berge und des Lake Tahoe macht Reno zu einem populären Ausgangspunkt für Outdoor-Aktivitäten.

Ein klassischer Ford Mustang im National Automobile Museum

 Sehenswert

National Automobile Museum
| Museum |

 Spektakuläre Sammlung klassischer Automobile

Die Sammlung des Hotelmoguls William F. Harrah (1911–1978) umfasst mehr als 200 klassische Automobile von den 1890er-Jahren bis in die 1960er. Blank gewienert und effektvoll in Szene gesetzt, erinnern die Gefährte nicht nur an die Glanzstunden von Design und Ingenieurskunst, sondern auch an die amerikanische Vergangenheit: Zu den Exponaten gehören eine Chevrolet Corvette von John Wayne, ein Ghia aus dem Besitz von Frank Sinatra und ein Cadillac Eldorado aus dem Fuhrpark von Elvis Presley.
◼ 10 Lake St, Tel. 775 333 93 00, www. automuseum.org, Mo–Sa 9.30–17.30, So 10–16 Uhr, 12/6 $

Virginia Street
| Straße |
Als Epizentrum des Glücksspiels beherbergt die Virginia Street zwischen dem Truckee River und dem Circus Circus die größten, traditionsreichsten und neuesten Casinohotels der Stadt.

Restaurants

€€–€€€ | **Feast** Ungezwungenes Ambiente, gute Weinkarte und schmackhafte Kreationen. Königsdisziplin ist das Filet mit Hummer (»Surf and Turf«).
◼ 516 S Virginia St, Tel. 775 686 69 69, www.finfiletreno.com, Mo–Sa 10–16, So 10–14, tgl. 17–21 Uhr

Parken

Die Benutzung der Parkhäuser der Casinos in der Innenstadt von Reno ist fast immer kostenlos.

Kinder

The Discovery STEAM steht in der englischsprachigen Pädagogik für »science, technology, engineering, art and math«. Das interaktive Museum greift die Disziplinen auf kinderfreundliche Art auf. ■ 490 S Center St, Tel. 775 786 10 00, nvdm.org, Mo–Sa 10–17, Mi bis 20, So 12–17 Uhr, 12/10 $

6 Loneliest Highway

Straße in die Einsamkeit mit attraktiven Stopps

 Information

■ www.travelnevada.com

Der US-Highway 50 verbindet Kalifornien mit Maryland. Nachdem ein Reporter des Magazins »Life« 1986 die Strecke zwischen Fallon und Ely in Nevada gefahren ist, hat er den Begriff des einsamsten Highway Amerikas geprägt. Seitdem hat sich die Straße zu einem Ziel für Entdecker gemausert, die sich auf der Suche nach den Überbleibseln einer längst verblichenen Vergangenheit befinden. Wer ein Gefühl für die Weiten des Landes bekommen möchte, ist auf der 415 Kilometer langen Strecke gut aufgehoben. Bei dem kleinen Dorf Austin erreicht der Highway eine Passhöhe mit 2370 m. Eis und Schnee sind jederzeit möglich. Wer von West nach Ost fährt, passiert als erstes Highlight Grimes Point Archaeological Area (16 km südöstl., weitere Infos im Churchill County Museum, www.ccmuseum.org), wo das indigene Volk der Paiute mehr als 10 000 Jahre alte Felsbilder hinterlassen hat. Nach 45 Kilometern folgt mit dem Sand Mountain eine bis zu 200 m hohe Sanddüne von vier Kilometer Breite. Nächstes Highlight ist nach 77 Kilometern der alte Handelsposten Middlegate Station, wo sich die Bewohner der ganzen Gegend auf einen Burger oder auf ein Bier treffen. Wer hier der State Route 361 und später der 844 folgt, kommt in den Berlin-Ichthyosaur State Park (parks.nv.gov), wo neben einer Geisterstadt das Fossil eines Dinosauriers zu sehen ist. Für diesen Exkurs ist allerdings ein Allradwagen empfehlenswert. Populär sind die Spencer Hot Springs (nach 208 km), vier Naturbecken mit 50 Grad warmem Wasser. Ely ist ein Provinznest, das seine besten Zeiten hinter sich hat. Interessant ist das Nevada Northern Railway Museum (www.nnry.com). Eine sinnvolle Fortsetzung der Strecke ist der Highway 93 zum Great Basin National Park in Richtung Las Vegas.

ADAC *Mittendrin*

Das Burning-Man-Festival

Einmal im Jahr, von Ende August bis Anfang September, verwandelt sich Black Rock Desert (ca. 230 km nördl. von Reno) für neun Tage in eine Stadt mit 80 000 Einwohnern. Anlass ist das Burning-Man-Festival, in dessen Rahmen die Teilnehmer die Kunst, das Leben und sich selbst feiern. Bizarre Skulpturen, Fantasiebauten, Installationen und Skulpturen bilden den Rahmen für das vermutlich verrückteste Festival der Welt. Zentrales Happening ist die rituelle Verbrennung einer Figur, des »Burning Man«, die eine reinigende Wirkung auf die Teilnehmer haben soll.
www.burningman.org

Im Blickpunkt

Nationalparks in den USA

Der 1. März 1872 sollte ein Datum von internationaler Bedeutung werden: An diesem Tag hat der Kongress den Yellowstone National Park unter Schutz gestellt und der respektvollen Freizeitgestaltung gewidmet. In den folgenden Jahrzehnten wurden weltweit viele weitere Nationalparks geschaffen, auch in den USA. Als 1916 der National Park Service (NPS) die Aufgaben der Pflege übernahm, standen bereits 35 Parks und Monumente unter Schutz. Heute gibt es 59 Nationalparks, die fast die Fläche der BRD vor der Wiedervereinigung einnehmen. Der Erfolg hat aber auch Schattenseiten: Viele Parks bewegen sich in der Hauptsaison an ihrer Kapazitätsgrenze.

7 Great Basin National Park

Überraschend vielseitiger Park im Großen Becken

 Information

■ Lehman Caves Visitor Center, 5500 W Hwy 488, Baker, NV 89311, Tel. 775 234 73 31, www.nps.gov/grba, Park durchgehend geöffnet, Eintritt frei, Höhlenführungen tgl. 8–16 Uhr, 11/9 $

Der 3982 m hohe Gipfel des Wheeler Peak. Der mutmaßlich älteste Baum der Welt. Ein weitverzweigtes Höhlensystem – und weitläufige Landschaften in einem kaum bewohnten Gebiet.

All dies macht Great Basin zu einem Geheimtipp unter den Nationalparks. Für Botaniker ist die Bristlecone Pine eine Top-Attraktion. Sie gedeiht an der Westflanke des Wheeler Peak und erreicht ein Alter von bis zu 5000 Jahren. Das Areal ist aufgrund der Höhenlage nur im Sommer zugänglich. Immer gleich ist die Temperatur unterdessen in den Lehman Caves, deren weitverzweigte Katakomben Besucher im Rahmen kompetent moderierter Führungen erkunden können. Wer mit dem Wohnmobil unterwegs ist, findet im Park herrliche Zeltplätze.

8 Boulder City

Lebensfrohes Städtchen am Hoover Dam und Lake-Mead-Erholungsgebiet

 Information

■ Nevada Welcome Center, 100 Nevada Highway, Boulder City, NV 89005, Tel. 702 294 12 52, www.visitbouldercity.com, Mo–Fr 8–16.30 Uhr

Boulder City ist die einzige größere Siedlung in Nevada, die ohne Casinos auskommt. Seine Existenz verdankt der 15 000-Einwohner-Ort dem Bau des größten Stausees in den USA. Der 221 m hohe Hoover Dam wurde zwischen 1931 und 1935 errichtet. Um die Arbeiter vor den Versuchungen des Lebens zu schützen, wurden die sonst in Nevada geltenden Freizügigkeiten untersagt, was bis heute so geblieben ist. So ist es Galerien, Restaurants, Antiquitätenläden und einer üppigen Vegetation vorbehalten, das Stadtbild zu prägen. Wassersport und sonstige Outdoor-Aktivitäten, Ausflüge zum Grand Canyon (www.5starhelicopter

tours.com, Helikopter-Rundflüge 70 Min. ab 299 $) machen den Ort zu einem Ausgangspunkt für vielseitige Aktivitäten.

Restaurants

€ | Milo's Cellar Mischung aus Delikatessenladen und Weinbar mit einfachen, aber guten Gerichten. ■ 538 Nevada Way, Tel. 702 293 95 40, www.milos bouldercity.com, tgl. 11–21 Uhr

9 Hoover Dam und Lake Mead

Beeindruckende Konstruktion mit enormem Stausee

Information

■ Hoover Dam: www.usbr.gov/lc/ hooverdam, Besucherzentrum tgl. 9–17 Uhr, 10 $, Touren 15/12 $

■ Lake Mead: Lakeshore Scenic Dr (zwischen Boulder City und dem Hoover Dam), Tel. 702 293 89 90, www.nps.gov/ lake, tgl. 9–16.30 Uhr, Eintritt zur Recreational Area 20 $ pro Fahrzeug

Der 1936 vollendete Bau des Hoover Dam hat Nevada und Arizona nachhaltig verändert. Mitten in der Wüste wurde der mächtige Colorado River zu einem mehr als 170 Kilometer langen See aufgestaut: Lake Mead. Der imposante Staudamm ist eine Attraktion für sich, die auf verschiedene Arten besichtigt werden kann. Lake Mead ist ein herrliches Revier zur Ausübung von Wassersport mit acht Zugängen. Zentrale Anlaufstelle ist das Lake Mead Visitor Center. Von hier aus bieten die Lake Shore Road und die North Shore Road erhabene Ausblicke. Die unbefangene Freude an der künstlichen Pracht wird indes durch sinkende Wasserstände getrübt.

Der Hoover Dam staut in der Wüste Nevadas den Colorado River zum Lake Mead

Übernachten

Mit über 150 000 Hotelzimmern ist das Übernachtungsangebot in Las Vegas überwältigend groß. Die Bandbreite reicht von den betagten Motels an der Fremont Street über Casinohotels in der Peripherie bis hin zu den mondänen Bauten am Strip. Wer die Stadt wirklich genießen möchte, sollte sich tunlichst hier oder im alten Downtown einquartieren – die sonst anfallenden Fahrten strapazieren das Zeitbudget. Das Niveau reicht von unauffällig sauberer Funktionalität bis zu protzigem Luxus, wobei die Preise extrem variieren. Wer nicht viel ausgeben möchte, sollte die Stadt vor allem während großer Messen und mit Abstrichen auch am Wochenende meiden. Der Check-in erfolgt neuerdings in der Regel am Automaten. Gepflegte Hotels gehören auch am Lake Tahoe und in Reno zum Standard. Auf dem Land ist das Angebot derweil bescheiden. In vielen Motels scheint die Zeit stehen geblieben zu sein, was vor allem für Nostalgiker auch seinen Reiz haben kann.

Las Vegas 18

€–€€ | Luxor Die dunkle Pyramide aus Glas mit dem Nachbau der Sphinx weiß auch im heutigen Las Vegas noch aufzufallen. Die Zimmer genügen dem Viersternestandard und sind aufgrund der Randlage am Strip meist ziemlich günstig zu haben. ■ 3900 S Las Vegas Blvd, Las Vegas, NV 89119, Tel. 702 262 40 00, www.luxor.com

€–€€€ | The Grand Sachliche Unterkunft mit modernen Zimmern, lebendiger Lobby und großem Swimmingpool. Eine gute Ausgangsposition für die Erkundung von Downtown, Fremont Street und Arts District. Abends kann es jedoch ziemlich laut werden. ■ 206 N 3rd St, Las Vegas, NV 89101, Tel. 702 719 51 00, www.downtowngrand.com

€€ | The LINQ Resort and Casino Gut gelegenes Haus der Caesars-Gruppe mit frischem Interieur. Zur Anlage gehört eine Einkaufspassage unter freiem Himmel (Linq Promenade), über die mit dem 167 m hohen High Roller das größte Riesenrad der Welt wacht. ■ 3535 S Las Vegas Blvd, Las Vegas, NV 89109, Tel. 1 800 634 64 41, www.caesars.com

€€–€€€ | Cosmopolitan Luxushotel mit viel Gespür für Design und neobarocken Anklängen. Die knapp 3000 Zimmer sind auf zwei 61 Stockwerke hohe Türme verteilt, die einen formidablen Ausblick gestatten. Der im 4. Stock gelegene Pool ist mit Cabanas umbaut. ■ 3708 S Las Vegas Blvd, Las Vegas, NV 89109, Tel. 702 698 75 75, www.cosmopolitanlasvegas.com

€€–€€€ | NOBU Ein kleines Boutiquehotel in einer großen Hotelanlage? Auch das gehört zum Portfolio von Las Vegas. Dieses Haus überrascht mit minimalistischem Design und japanischen Akzenten. Die allgemeine Anmutung eines Boutiquehotels wird durch die Zahl von weniger als 200 Zimmern gestützt. ■ 3570 S Las Vegas Blvd, Las Vegas, NV 89109, Tel. 1 800 727 49 23, www.caesars.com

Lake Tahoe

€€€ | Hyatt Regency Lake Tahoe Resort, Spa & Casino Offenes Feuer, viel Holz und schöner Naturstein verleihen dem Haus eine typisch amerikanische Gemütlichkeit, der Privatstrand am See bürgt für eine exklusive Aura. Die komfortablen Zimmer werden der Erwartungshaltung gerecht. ■ 111 Country Club Dr, Incline Village, NV 89451, Tel. 775 832 12 34, www.laketahoe.regency.hyatt.com

Reno

€ | Silver Legacy In diesem klassischen Casinohotel können sich die Gäste auf sachliche Zimmer verlassen. Die Spielautomaten befinden sich unter einer Halbkugel, die eine stilisierte Bergarbeiterstadt beherbergt. ■ 407 N Virginia St, Reno, NV 89501, Tel. 775 329 47 77, www.silverlegacyreno.com
€€ | Whitney Peak Designhotel in bester Lage. Das Interieur ist raffiniert, die Zimmer sind groß, es gibt keine Glücksspielautomaten, es wird auch nicht geraucht. Ach ja, das Hotel ist außerdem mit Kletterwänden ausgestattet. ■ 255 N Virginia St, Reno, NV 89501, Tel. 775 398 54 00, www.whitney peakhotel.com

Loneliest Highway

€ | Jail House Casino & Motel Einfache Unterkunft mit großen, sauberen Zimmern. Das angeschlossene Casino befindet sich auf der anderen Straßenseite, das hauseigene Steakhouse in ehemaligen Gefängniszellen. ■ 211 5th St, Ely, NV 89301, Tel. 775 289 30 33, www.jailhousecasino.com

Boulder City

€ | Boulder Dam Hotel Das gediegene Haus diente einst den Dammarbeitern als Quartier. Heute ist es ein gut gelegenes Domizil mit geschmackvollen Zimmern. ■ 1305 Arizona St, Boulder City, NV 89005, Tel. 702 293 35 10, www.boulderdamhotel.com

ADAC *Das besondere Hotel*

Cobb Mansion Das Bed & Breakfast befindet sich in einer Villa aus dem Jahr 1876 und tut alles dafür, die Zeiten des Silberrauschs lebendig zu halten: Die öffentlichen Räume sind mit viktorianischem Mobiliar ausgestattet, auch eine alte Spieluhr und ein Grammofon gehören dazu. Wenn Cathy und Conny das reichhaltige Frühstück servieren, tragen sie alte Trachten. Die beiden sind Legenden im Ort. *€€ | 18 South A St, Virginia City, NV 89440, Tel. 775 847 90 06, www.cobbmansion.com*

Der Grand Canyon und Arizonas Norden

Vielfältige Urlaubsregion mit Bergen, Wäldern, historischen Städtchen und der Mutter aller Schluchten

stopps. Flagstaff ist zugleich ein Paradebeispiel für die lebenswerte Kleinstadt, die in den USA sehr modern geworden ist: Eine lebendige Restaurantszene, viele Brauereien und eine fußgängerfreundliche City machen die Uni-Stadt so begehrenswert. Ach ja: Skilaufen kann man hier auch – bis tief in den April. Etwas weiter südlich reihen sich mit Sedona, Jerome und Prescott Städtchen aneinander, die unterschiedlicher kaum sein könnten. Kurzum: ein vorzügliches Terrain für einen Roadtrip.

Monumentale Landschaften verleihen dem Norden Arizonas eine andernorts kaum erreichte Faszination. Lebendige Städte, hohe Berge, endlose Wälder und eine nostalgiebeladene Straße steigern die Begeisterung noch weiter. Unumstrittenes Highlight ist der Grand Canyon, dessen Besuch aus mehreren Gründen gut geplant sein will: Der Besucherandrang ist enorm, die Temperaturen schwanken gehörig, und viele Aktivitäten erfordern ein Mindestmaß an Vorbereitung. Direkt in der Nähe verläuft mit der Route 66 die wohl bekannteste Straße der USA. Die »Mother Road« erinnert an ein Zeitalter, das von einer allgemeinen Aufbruchstimmung dominiert war, die auch der Gegenwart nicht schlecht zu Gesicht stehen würde. Die touristische Auferstehung der Route 66 hat in dem kleinen Dorf Seligman ihren Lauf genommen, doch auch in Kingman, Williams und Flagstaff lohnen Zwischen-

In diesem Kapitel:

ADAC Top Tipps:

Grand Canyon
| Schlucht |

Die gewaltige Schlucht, die der Colorado River ins Gestein gegraben hat, gehört zu den beeindruckendsten

Landschaften des Planeten – sie ist 446 Kilometer lang, bis zu 29 Kilometer breit und 1,6 Kilometer tief.

 Monument Valley
| Landschaft |
Hoch auf dem Colorado-Plateau gelegen, bilden die wohlgeformten Tafelberge eine der ultimativen amerikanischen Landschaften. Der Anblick vor allem in der Dämmerung ist unvergesslich.

ADAC Empfehlungen:

 Historic Seligman Sundries, Seligman
| Café |
Das bunte Café gehört zu den Ikonen der Route 66. Es wird von einem deutschen Paar betrieben, das nicht ohne Stolz den besten Kaffee weit und breit serviert.

 Lowell Observatory, Flagstaff
| Sternwarte |
Der Himmel im Norden Arizonas wird kaum von Streulicht erhellt. In dieser Sternwarte wurde einst der Pluto entdeckt.

 Mother Road Brewing Company, Flagstaff
| Brauhaus |
Das Brauhaus in Flagstaff kultiviert die Geschichte der Route 66 und versteht sich auf die Herstellung eigener Biere.

 Antelope Canyon, Page
| Schlucht |
Regenwasser hat eine unterirdische Schlucht in den weichen Sandstein gegraben. Dieser sogenannte Slot Canyon verzaubert mit unwirklichen Farben und Formen.

Spektakulärer Blick in den Grand Canyon bei Dämmerung vom Toroweap Overlook

10 Grand Canyon

3 *Monumentale Schlucht mit unvergleichlichen Ausblicken*

i Information

■ www.nps.gov/grca, 35 $ pro Fahrzeug (Motorräder 25 $)

Der Grand Canyon ist nicht nur eine der populärsten Sehenswürdigkeiten des Planeten, sondern auch eine der größten: Die über Jahrmillionen vom Colorado River geformte Schlucht ist bis zu 1600 m tief, 29 Kilometer breit und sagenhafte 446 Kilometer lang. Der Anblick vor Ort ist überwältigender, als jede noch so vertraute Aufnahme dies vermitteln könnte. Leicht zugänglich aber ist der Canyon nicht. Besucher haben die Wahl zwischen dem Grand Canyon Village am South Rim, dem Reservat des indigenen Volkes der Hualapai (Grand Canyon West) und dem auf über 2500 m gelegenen North Rim. Aufgrund des immer weiter wachsenden Andrangs ist der Zugang von Süden und Westen seit einigen Jahren für private Autos gesperrt. Touristen müssen Shuttlebusse benutzen, um von einem formidablen Ausblick zum nächsten zu gelangen. Wandern und Radfahren sind indes gute Alternativen. Wer in den Canyon abzusteigen plant (etwa zur einfachen Phantom Ranch), sollte konditionell gut vorbereitet und mit einer verantwortungsvollen Ausrüstung sowie einer geeigneten Menge an Vorräten ausgestattet sein. Im Tal des spektakulären Colorado River warten weitere Abenteuer, allen voran Rafting-Touren.

Sehenswert

Grand Canyon Village, South Rim
| Landschaft |

Die mit Abstand meisten Besucher erreichen den Grand Canyon am Grand Canyon Village am South Rim. Das mit einer vollständigen Infrastruktur ausgestattete Touristenzentrum ist mit dem Auto aus Williams (von Süden) oder aus Cameron (von Osten) erreichbar. Vom Parkplatz am Besucherzentrum sind es nur 300 m bis zum Mather Point, dem am leichtesten zugänglichen Ausblick in den Canyon.

■ Grand Canyon Visitor Center, S Entrance Rd, Grand Canyon Village, AZ 86023, tgl. 9–17 Uhr

Grand Canyon West
| Landschaft |

Im Westen wird der Grand Canyon graduell weniger überwältigend. Der Besuch eignet sich vor allem für Tagesgäste aus Las Vegas. Mit dem Auto geht es aus Richtung Dolan Springs über den Highway 93 durch teils spektakuläre Hügellandschaften und Joshua-Tree-Wälder ins Reservat des Hualapai-Volkes. Am Besucherzentrum wird ein individuelles Eintrittsgeld fällig. Von hier aus fährt ein Shuttlebus zu drei Attraktionen. Eagle Point ist der wohl schönste Aussichtspunkt. Hualapai Ranch ist ein stilisiertes Dorf mit einer klischeebeladenen Darstellung des indigenen Volks und der Cowboys. Das Eintrittsgeld für den Nationalpark entfällt hier.

■ 5001 Diamond Bar Rd, Peach Springs, AZ 86434, Tel. 928 769 26 36, www.grand canyonwest.com, tgl. 7–19 Uhr (im Winter kürzer), Eintritt mit Skywalk 82,38 $, ohne ab 49,92 $, auch Pakete mit Rafting und Rundflügen

North Rim
| Landschaft |

Die Zufahrt aus dem Norden ist aufwendig (335 km ab Flagstaff) und eignet sich vor allem für Besucher, die aus den Nationalparks Utahs kommen. Aufgrund der Höhenlage von rund 2500 m dauert die Saison für Autofahrer nur von Mai bis September. Der Rundblick indes ist noch imposanter. Die Infrastruktur beschränkt sich auf eine Lodge, ein Motel und einen Supermarkt. Dafür finden Individualisten und Abenteurer ein dichtes Netz an spärlich benutzen Wegen und intakte Ökosysteme vor.

■ North Rim Visitor Center, AZ-67, North Rim, AZ 86023, Tel. 928 638 78 88, Sommer tgl. 8–18 Uhr

 Wandern

Rim Trail Der Rim Trail, ein gut 20 Kilometer langer Wander- und Radweg, der zum Teil asphaltiert ist, führt auch von Grand Canyon Village aus zu attraktiven Ausblicken, historischen Bauten wie Hermits Rest oder Lookout Studio. Außerhalb von Grand Canyon Village geht es dann intimer zu. Eine Wanderung kann auch mit dem Besuch per Shuttlebus kombiniert werden. ■ www.nps.gov, Stichwort »Rim Trail«

Gefällt Ihnen das?

Der Grand Canyon ist zwar nur schwer zu toppen, als ähnlich atemberaubend ist aber der **Black Canyon of the Gunnison** (S. 100) zu bezeichnen, der ebenfalls den Status eines Nationalparks genießt. Die Schlucht ist eng, dunkel und absolut faszinierend.

Bright Angel Trail Der populärste Weg hinab in den Grand Canyon ist der Bright Angel Trail, der ebenfalls in Grand Canyon Village startet. Er führt über 13 Kilometer und 1360 Höhenmeter zur Silver Bridge und von dort aus weiter zur Phantom Ranch, wo es durchschnittlich elf Grad wärmer ist. ■ www.nps.gov, Stichwort »Bright Angel Trail«

🍴 Restaurants

€€€ | El Tovar Rustikale Lodge mit großen Panoramafenstern und gutem Restaurant mit amerikanischer Küche. Aufgrund der großen Popularität unbedingt vorher reservieren! ■ 1 El Tovar Rd, Grand Canyon Village, Tel. 928 638 26 31, www.grandcanyonlodges.com, tgl. 7–21 Uhr

Die Grand Canyon Railway fährt von Williams nach Grand Canyon Village

ADAC *Mittendrin*

Grand Canyon wie die Einheimischen
Der Grand Canyon ist aufgrund des großen Andrangs für Privatfahrzeuge gesperrt. Doch im Winter gibt es eine Ausnahme: Von Dezember bis Februar darf man die Hermit Road befahren, die vom Grand Canyon Village zur alten Behausung Hermit's Rest führt. Viele Einheimische nutzen den ehemaligen West Rim Drive als Schlupfloch für ihre Besuche.

Kinder

Grand Canyon Railway Bahnfahrt ab Williams in verschiedenen Klassen. ■ Fahrtzeit pro Strecke ca. 2 Std., www.thetrain.com, 67–219 $, Kinder ab 32 $

✴ Erlebnisse

Grand Canyon Airlines 45-minütiger Flug über weite Teile des Canyons. ■ Ab Grand Canyon Airport, 871 Liberator Dr, Grand Canyon Village, www.grand canyonairlines.com, ab 159 $

In der Umgebung

Williams
| Stadt |
Als Einfallstor zum Grand Canyon ist Williams eine Alternative zu Flagstaff. Die Kleinstadt droht zwar von Souvenirläden für Route-66-Fans erdrückt zu werden. Doch ein paar authentische Lokale, die Lage inmitten von Wäldern und der Bahnhof der Grand Canyon Railway sprechen für einen Stopp. ■ 95 km südl. von Grand Canyon Village, www.experiencewilliams.com

11 Seligman

Ausgangspunkt für die Renaissance der Route 66, die Mutter aller Straßen

 Information

■ www.seligmanazchamber.com

Fortschritt kann grausam sein: Als 1978 ein neuer Abschnitt des Interstate 40 fertiggestellt wurde, verloren das kleine Dorf Seligman und fast alle hier ansässigen Geschäftsleute von einem Tag auf den anderen ihre Daseinsberechtigung. Nur Angel Degadillo (*1927) wollte sich nicht damit final abfinden. Doch es sollte noch bis 1987 dauern, ehe der Friseur Vertreter aus anderen Städten mobilisierte, um mit ihnen den Antrag zu stellen, aus der Route 66 einen historischen Highway zu machen. Dies sollte sich schon bald als Startschuss für die Wiederbelebung der »Mother Road« erweisen. Schon bald wurden Seligman und andere Orte wieder von Reisenden besucht. Während Degadillo Heldenstatus erlangte, ist seine Heimat heute eine Pilgerstätte für Biker und Nostalgiker, die dem Amerika der Gegenwart eher wenig abgewinnen können.

 Sehenswert

Angel & Vilma's Original Route 66 Gift Shop
| Laden |
Vom Nummernschild über T-Shirts bis zum Kühlschrankmagneten sind in diesem Laden alle erdenklichen Andenken an die Route 66 zu haben. Angel Degadillos Friseursalon hat dadurch nur noch in einer Ecke Platz. Bis zuletzt aber erfreute er Besucher mit

Im Blickpunkt

Die Route 66

Nach ihrer Fertigstellung 1926 war die Route 66 die erste durchgehende Straßenverbindung von Chicago nach Los Angeles. Wer die Strecke mit dem Auto in Angriff nehmen wollte, hatte 3945 Kilometer vor sich – die perfekte Gelegenheit, ein Land von kaum vorstellbaren Ausmaßen kennenzulernen. Dazu gehören dynamische Städte ebenso wie mythische Landschaften und verschlafene Nester, die sich alle darauf eingestellt hatten, die Reisenden zu versorgen und zu beherbergen. So konnte die Route 66 binnen weniger Jahre zu einer amerikanischen Ikone aufsteigen. Der Bau von Autobahnen (Interstates) und die wachsende Bedeutung von Flugzeugen läuteten indes schon bald den Niedergang der Ost-West-Verbindung ein, der 1984 mit der Fertigstellung der letzten neun Kilometer des I-40 bei Williams in Arizona seine Vollendung fand. Zurück blieben Diners, Tankstellen, Motels und General Stores, die allesamt für ein zusehends in Vergessenheit geratendes Zeitalter stehen. Heute sind es vor allem Europäer, die sich von der »Mother Road« und der längst vergangenen Epoche angezogen fühlen.

Geschichten über das goldene Zeitalter der legendären Straße.
■ 22265 W Historic Route 66, Tel. 928 422 33 52, www.route66giftshop.com, tgl. 8–18 Uhr

Cafés

 **Historic Seligman Sundries** Kaffee, Java, Espresso, Koffie. Europäer werden diese Worte ähnlich gern sehen wie Wüstenwanderer eine Oase. Tatsächlich wird in dem Café der beste Kaffee weit und breit serviert. Es wird in einem denkmalgeschützten Gebäude von einem deutschen Paar betrieben. ■ 22405 Historic Route 66, Tel. 928 600 01 23, www.seligmansundries.com, tgl. 9–18 Uhr

12 Jerome

Ehemaliges Minenstädtchen in dramatischer Umgebung

i Information

■ Visitors Center, 310 Hull Ave, Jerome, AZ 86331, Tel. 928 634 29 00, www.jeromechamber.com

Die USA sind ein Land der Gegensätze. Während Sedona und andere für Touristen attraktiven Orte leicht zugänglich und kommerziell ausgerichtet sind, erinnert Jerome eher an ein iberisches Bergdorf. Viele Häuser sind auf abenteuerliche Weise in den Hang gebaut. Auf den Bergflanken gedeihen Ölbäume und Flieder. Die Straßen sind eng und steil. Und das Dorf mit seinen nicht einmal 500 Einwohnern umweht eine Aura der Eigenwilligkeit. Auf die Landkarte kam der Ort 1876, als zuerst Kupfer und später auch Silber und Gold gefunden wurden. Binnen weniger Jahre zählte Jerome rund 15 000 Einwohner. Das Mine Museum (200 Main St, www.jeromehistorical society.com, tgl. 9–17 Uhr, 2/1 $) lässt die Zeiten des Booms lebendig werden.

** Sehenswert**

Jerome State Historic Park
| Museum |

Im Park liegt das Wohnhaus von Jimmy Douglas (1837–1918). Der Bergbaumogul schöpfte in Jerome die größte Kupfermine Arizonas aus und gönnte sich einen Lehmziegelpalast. ■ 1100 Douglas Rd, Tel. 928 634 53 81, www.azstateparks.com, tgl. 8.30–17 Uhr, 7/4 $

** Restaurants**

€ | **Haunted Hamburger** Hier klettern Geister die Fassade hoch. Wer sich davor nicht fürchtet, kann Burger und andere Standardgerichte verspeisen. ■ 410 Clark St, Tel. 928 634 05 54, www.thehauntedhamburger.com, tgl. 11–21 Uhr

** Events**

World's Oldest Rodeo Seit 1888 ist Prescott rund um den Unabhängigkeitstag Austragungsort des ältesten Rodeos. ■ www.worldsoldestrodeo.com

** In der Umgebung**

Prescott
| Stadt |

1864 wurde Prescott erste Hauptstadt Arizonas. In den folgenden Jahrzehnten ging es hoch her – die Kneipenzeile Whiskey Row zeugt bis heute davon. Im Zentrum rund um das Gerichtsgebäude stehen bis heute gut erhaltene Backsteinbauten und viktorianische Holzvillen. Unumstrittene Attraktion Nummer 1 ist der Palace Saloon (www.historicpalace.com). ■ 55 km westl. von Jerome, www.visit-prescott.com

Die atemberaubende, rötlich leuchtende Devils Bridge bei Sedona im Abendlicht

13 Sedona

*Spirituell ausgerichteter Touristenort
in reizvoller Umgebung*

i Information

■ Visitor Information Center, 331 Forest
Rd, Sedona, AZ 86336, Tel. 928 282 77 22,
www.visitsedona.com, tgl. 8.30–17 Uhr

Mutige Marketingleute haben Sedona
den »schönsten Ort auf Erden« ge-
tauft. Tatsächlich ist die Lage inmitten
rötlich schimmernder Sandsteinfor-
mationen unumstritten grandios.
Gleichzeitig aber leidet Sedona unter
seiner Schönheit: Dem 10 000 Einwohner zählenden Städtchen fehlt ein
historisch gewachsenes Zentrum (es
gibt Uptown und West Sedona) und
es ist bisweilen völlig überlaufen. Für

jeden noch so abgelegenen Ausblick
(besonders schön: die Airport Rd, Parkplatz 3 $) gilt es, Eintrittsgelder zu zah-
len. Weil Sedona unter Amerikanern
als besonders spirituell gilt, haben sich
Tarot-Kartenleser, Fachgeschäfte für
Räucherstäbchen und andere esote-
risch angehauchte Erscheinungen
bisweilen in etwas penetranter Dichte
breit gemacht.

Sehenswert

Chapel of the Holy Cross
| Kirche |
Sehr sehenswerte katholische Kirche
aus dem Jahr 1956, deren modernistische Linien die organischen Formen
der umliegenden Gesteinsformationen auf kühne Weise ergänzen.
■ 780 Chapel Rd, www.chapeloftheholy
cross.com

Red Rock Scenic Byway

| Straße |

Die zwölf Kilometer lange Straße führt durch Sedonas sehenswertes Umland.
■ Highway 179 zwischen Sedona (südl. Ortsausgang) und Interstate 17, www. redrockscenicbyway.com

Red Rock State Park

| Naturpark |

Naturreservat, zu dessen Vorzügen Felsformationen, grüne Wiesen und ein gut ausgebautes Wegesystem zum Wandern gehören.
■ 4050 Red Rock Loop Rd, Tel. 928 282 69 07, www.azstateparks.com, tgl. 8 Uhr bis Sonnenuntergang, 7/4 $

 Restaurants

€€ | **Elote Café** Authentische Küche des Südwestens in gemütlichem Ambiente. Die Karte ist überschaubar und bietet Leckereien wie Schweinebauch-Tacos. ■ 771 State Route 179, Tel. 928 203 01 05, www.elotecafe.com, Di–Sa ab 17 Uhr

 Einkaufen

Tlaquepaque Anlage mit Galerien, Läden und Restaurants, die an ein mexikanisches Dorf erinnern soll. ■ 336 State Route 179, Tel. 928 282 48 38, www.tlaq. com, tgl. 10–18 Uhr (Restaurants länger)

 Erlebnisse

Pink Jeep Tours In Fahrzeugen mit markanter Lackierung das unwägbare Gelände erkunden. ■ 204 N State Route 89a, Tel. 0800 873 36 62, www.pink adventuretours.com, 2 Std. ab 69/63 $

14 Flagstaff

Attraktive Stadt inmitten von Kiefernwald und Bergen

 Information

■ Visitor Center, 1 E Route 66, Flagstaff, AZ 86001, Tel. 928 213 29 51, www. flagstaffarizona.org, Mo–Sa 8–17, So 9–16 Uhr

Historisches Gebäude im alten Stadtzentrum von Flagstaff

Flagstaff liegt auf gut 2100 m Höhe inmitten des größten Nadelwalds der USA. Viele Besucher kennen die Universitätsstadt als Einfallstor zum Grand Canyon. Kenner wissen darüber hinaus, dass die 70 000-Einwohner-Stadt mit dem 3852 m hohen Humphreys Peak und der Arizona Snowbowl (20 km nördl., www.snowbowl.ski) ein attraktiver und beliebter Wintersportort ist.

Wer die mit Backsteinbauten, Cafés und Restaurants gut bestückte Downtown besucht, lernt auch sofort den Sound der Stadt kennen: Flagstaff war seit jeher ein Eisenbahnknotenpunkt – bis heute fahren kilometerlange Züge durch die Stadt. Auch die Route 66 hat ihre Spuren hinterlassen. Die Stadt eignet sich perfekt für eine Pause des Roadtrips von ein oder zwei Tagen.

Sehenswert

Lowell Observatory
| Sternwart |

 Arizonas Nachthimmel in einer faszinierenden Sternwarte

Der Himmel im Norden Arizonas wird kaum von Streulicht erhellt. Dies machte sich bereits im Jahr 1894 der Astronom Percival Lowell zunutze, indem er auf einem Hügel bei Flagstaff eine mit modernen Teleskopen ausgestattete Sternwarte errichten ließ, in der im Jahr 1930 der Zwergplanet Pluto entdeckt wurde. Vor allem die abendlichen Besuche des Observatoriums sind sehr populär, sie gestatten Blicke in 130 Mio. Lichtjahre entfernte Galaxien.

■ 1400 W Mars Hill Rd, Tel. 928 774 33 58, www.lowell.edu, Mo–Sa 10–22, So 10–17 Uhr, 15/8 $

Museum of Northern Arizona
| Museum |

Mit Einführungen zu Geologie und Ökosystemen und der Kultur der indigenen Völker versteht sich das gut gemachte Haus als wissenschaftliches Fundament zum Besuch des Grand Canyon. Gezeigt werden Artefakte indigener Völker und naturgeschichtliche Exponate vom Colorado-Plateau.

■ 3101 N Fort Valley Rd, Tel. 928 774 52 13, www.musnaz.org, tgl. 10–17, So ab 12 Uhr, 12/8 $

Restaurants

€€ | **Criollo Latin Kitchen** Lebendiges Lokal mit urigem Ambiente und schmackhaften Kreationen des Südwestens und einer extrem guten Salsa mit gegrillter Ananas (»Grilled Pineapple Chipotle«). ■ 16 N San Francisco St, Tel. 928 774 05 21, www.criollolatinkitchen.com, tgl. 11–21 Uhr

Kneipen, Bars und Clubs

 € | **Mother Road Brewing Company** Die Referenz an die Route 66 ist das einzig museale Element der Mikrobrauerei mit Pizzeria und Biergarten. Besonders gut ist das hauseigene Kölsch. Wer Hunger hat, bestellt sich im Haus bei Proper Meats ein mit Fleisch aus kontrollierter Aufzucht belegtes Sandwich (www.propermeats.com). ■ 7 S Mikes Pike, Tel. 928 774 91 39, www.motherroadbeer.com, Di, Mi 14–21, Do 14–22, Fr, Sa 12–22, So 12–21 Uhr

Sport

Arizona Snowbowl Skigebiet auf den San Francisco Peaks mit sechs Sesselliften. ■ www.snowbowl.ski

In der Umgebung

Meteor Crater

| Krater |

Das Einschlagloch des Meteoriten Canyon Diablo ist etwa 180 m tief und hat einen Durchmesser von 1,2 Kilometern.

■ 57 km östl. von Flagstaff, Interstate 40 (Ausfahrt 233), Winslow, AZ 86047, www.meteorcrater.com, tgl. 7–19 Uhr (Winter 8–17 Uhr), 18/9 $

ADAC *Mittendrin*

Die Bier-Revolution

Lange Jahrzehnte wurde der Biermarkt in den USA von wenigen Konzernen beherrscht, die das Land mit süßlichen Gerstensäften versorgt und unter deutschen Besuchern ein Überlegenheitsgefühl gefestigt haben. Diese Zeiten scheinen jedoch ein für alle Male vorbei zu sein, nachdem 2017 mehr als 6300 Mikrobrauereien oder Brewpubs (mit angeschlossenem Ausschank) gezählt wurden. Weil in den USA kein Reinheitsgebot existiert, sind der Fantasie der Braumeister keine Grenzen gesetzt: Besonders häufig fließen verschiedene Spielarten des India Pale Ale (oder kurz IPA), aber auch Weizen nach belgischem Vorbild, Stout, Pils und neuerdings auch obergäriges Kölsch aus dem Zapfhahn. Städte wie Flagstaff, Denver oder Boulder haben regelrechten Stolz für ihre Biere entwickelt. Doch Vorsicht: Viele Gerstensäfte haben deutlich mehr Alkohol als daheim – und deutlich teurer sind sie auch.

www.brewersassociation.org

15 Petrified Forest National Park

Farbenfrohe Wüstenlandschaft mit vielen Fossilien

i **Information**

■ Visitor Center, 1 Park Rd (direkt an der Ausfahrt der I-40), AZ 86028, Tel. 928 524 62 28, www.nps.gov/pefo, Straßen im Park tgl. 8–17 Uhr, 20 $ pro Fahrzeug

Der Einfallsreichtum der Natur kennt im Südwesten keine Grenzen. Allein dieser Park beherbergt mehrere verblüffende Spielarten. Zunächst sind da die namensgebenden Bäume, deren Alter Wissenschaftler auf 225 Mio. Jahre schätzen. Sie wurden von enormen Wasserfluten angespült und von siliziumhaltiger Vulkanasche überzogen, ehe sie verwittern konnten. Einige Stämme haben einen Durchmesser von mehr als 1,5 m – ihr Anblick ist ebenso bezaubernd wie ehrfurchtgebietend.

Nördlich des Interstate befindet sich innerhalb der Parkgrenzen auch die Painted Desert. Diese verdankt ihren Namen farbenfroh verwitterten Gesteinsschichten, die vor allem im Licht der Dämmerung sehr beeindruckend anzusehen sind.

Weitere Highlights des Nationalparks sind das im Adobe-Stil errichtete Painted Desert Inn (unweit des Besucherzentrums) sowie in der Parkmitte der Newspaper Rock, auf dem mehr als 650 Felszeichnungen verewigt sind. Etwas weiter südlich nimmt der Blue Mesa Trail seinen Lauf, der Autofahrer auf einer Strecke von fünf Kilometern durch die faszinierende Landschaft führt.

In der Umgebung

Canyon de Chelly National Monument
| Schlucht |

Wer sich auf dem Weg nach Norden befindet und nicht genug bekommen kann von überwältigenden Gesteinsformationen, findet auf dem Gelände des indigenen Volkes der Navajo ein Ensemble beeindruckender Felsenschluchten vor. Die drei Haupt-Canyons sind der Canyon de Chelly, der Canyon del Muerto und der Monument Canyon. Zwei Scenic Drives mit zehn Ausblicken ermöglichen die einfache Erkundung.

■ 170 km nördl. des Petrified Forest, Chinle, AZ 86503, Tel. 928 674 55 00, www.nps.gov/cach, immer geöffnet, kein Eintritt

16 Monument Valley

4 *Mythische Landschaft mit skulptural anmutenden Tafelbergen*

 Information

■ Visitors Center, 1,5 km östl. des Highway 163 an der Grenze von Arizona zu Utah, AZ 84536, www.utah.com/monument-valley, tgl. 6–20 Uhr (Winter 8–17 Uhr), 20 $ pro Fahrzeug

Kaum ein Anblick im amerikanischen Südwesten ist vertrauter als das Monument Valley mit seinen bis zu 350 m hohen Tafelbergen. Die Hochebene verteilt sich auf das Territorium Utahs wie auch Arizonas und gehört vollständig zum Reservat des indigenen Volkes der Navajo. Ihr unverwechselbares Erscheinungsbild verdankt die Landschaft Gebirgsbildung, Sedimen-

Die Tafelberge im Monument Valley sind eine beliebte Filmkulisse

tation, Erosion und anderen natürlichen Prozessen, die seit mehr als 275 Mio. Jahren andauern.

Unzählige Western von Regisseuren wie John Ford, Sergio Leone sowie Dennis Hoppers »Easy Rider« haben die Landschaft auf Celluloid verewigt, die Werbebranche hat ihr Übriges zur Bekanntheit beigesteuert.

Besucher können das Monument Valley sowohl auf einfache Weise wie auch mit einigem Aufwand erkunden. So durchquert der Highway 163 von Kayenta nach Mexican Hat weite Teile des öffentlich zugänglichen Gebiets, wobei sich ein erhabener Anblick an den nächsten reiht. Tiefere Einsichten auch in den Lebensstil des Volkes gewährt der Park der Navajo.

ADAC *Spartipp*

»America the beautiful«-Pass
Eintrittspreise von 25 bis 40 Dollar für alle Insassen eines Fahrzeugs mögen für den Zugang zu einem Nationalpark angemessen sein. Bei einer längeren Tour durch den Südwesten kann dabei aber ein stattlicher Betrag zusammenkommen. Wer schon bei der Planung weiß, dass wenigstens vier Parks auf der Liste der Reiseziele stehen, sollte den Kauf des »America the beautiful«-Passes in Erwägung ziehen. Der Pass ist online erhältlich, kostet 80 Dollar und ist ein Jahr in rund 2000 Einrichtungen des US National Park Service gültig.
www.store.usgs.gov/pass

 Sehenswert

Monument Valley Navajo Tribal Park
| Naturpark |
Abseits der Hauptstraße bietet der Park einen Rundkurs auf einer nicht asphaltierten Straße, der auch mit Pkw befahrbar ist. Am Wegesrand können Besucher Kunsthandwerk erwerben.
◼ Visitor Center, 1,5 km östl. des Highway 163 an der Grenze von Arizona zu Utah, Tel. 435 727 58 70, www.navajonationparks.org, tgl. 7–19 Uhr, 20 $ pro Fahrzeug

 Erlebnisse

Wer das Monument Valley stilecht erkunden möchte, wählt einen Sattel auf dem Rücken eines Pferdes. Alternativ sind auch Jeep-Touren buchbar. ◼ Navajo Tribal Park Visitor Center, Tel. 435 727 34 18, www.toursacred.com, Ausritt ab 80 $

 Page

Perfekter Ausgangspunkt für gleich drei Attraktionen

i **Information**

◼ Visitors Center, 6 N Lake Powell Blvd, Page, AZ 86040, Tel. 928 645 94 96, www.visitpagelakepowell.com

Page selbst hat nicht viel zu bieten. Doch in der Umgebung wartet der Ort mit einigen Sehenswürdigkeiten auf. Dazu gehört auch der Glen Canyon Dam. Die 220 m hohe Staumauer war die Grundlage für das Entstehen des Lake Powell (S.118). Das Bauwerk ist zu Fuß erreichbar und kann besichtigt werden (www.nps.gov/glca).

 Sehenswert

Antelope Canyon
| Schlucht |
10 *Unterirdische Schlucht mit unwirklichen Farben*
Die enge Schlucht, ein sogenannter Slot Canyon, führt zwölf Kilometer südöstl. von Page durch atemberaubende Gesteinsschichten. Der Besuch ist ausschließlich im Rahmen einer von Navajo geführten Tour möglich.
◼ 22 S Lake Powell Blvd, Tel. 928 645 91 02, www.antelopecanyon.com, Touren tgl. 7–16.30 Uhr, ab 45,50/35,50 $

Horseshoe Bend
| Landschaft |
Der Blick auf den Colorado River, der hier nach einer Schleife eine Kehre von 180 Grad vornimmt, gehört zu den Klassikern des Südwestens.
◼ 7 km südl. von Page, Parkplatz am Highway 89, danach 1 km Fußweg

Übernachten

Die Domizile am Grand Canyon sind limitiert und sehr begehrt. Wer in unmittelbarer Nähe ein Zimmer buchen möchte, sollte sich so früh wie möglich darum kümmern. Weiter südlich nehmen Angebot und Bandbreite rapide zu – allein Flagstaff hat mehr als 5000 Hotelzimmer.

Grand Canyon 40

€€–€€€ | Bright Angel Lodge & Cabins Denkmalgeschütztes Anwesen aus dem Jahr 1935 aus Naturstein und Holz. Die Zimmer sind etwas altmodisch, doch die Lage am Canyon-Rand gleicht alles aus. ■ 9 Village Loop Dr, Grand Canyon Village, AZ 86023, Tel. 928 638 26 31, www.grandcanyonlodges.com

€€–€€€ | El Tovar Hotel Die schönste der drei Unterkünfte im Village wurde 1905 eröffnet und hat viele Vorzüge eines würdevollen Grandhotels. Eher bescheidene Zimmer. ■ 9 Village Loop Dr, Grand Canyon Village, AZ 86023, Tel. 888 297 27 57, www.grand canyonlodges.com

Jerome 44

€€ | Jerome Grand Hotel Hoch über dem Ort gelegen, erinnert das Haus an europäische Grandhotels. Die Zimmer sind eher modern. ■ 200 Hill St, Jerome, AZ 86331, Tel. 928 634 82 00, www.jeromegrandhotel.net

€€ | The Grand Highland Hotel Historisches Ambiente, die Lage an der Whiskey Row und zeitgemäßes Interieur machen das Haus zu einer sicheren Bank. ■ 154 S Montezuma St, Prescott, AZ 86303, Tel. 928 776 99 63, www.grandhighlandhotel.com

Sedona 45

€€€ | El Portal Schwere, rustikale Möbel und der Charme des Südwestens prägen das kleine Hotel mit zwölf Zimmern. ■ 95 Portal Lane, Sedona, AZ 86336, Tel. 800 313 00 17, www.elportalsedona.com

Flagstaff 46

€–€€ | Hotel Monte Vista Die Leuchtreklame des Hotels dominiert die Innenstadt. In dem Haus hat schon Humphrey Bogart genächtigt. Die Zimmer sind einfach, farbenfroh und bezahlbar. ■ 100 N San Francisco St, Flagstaff, AZ 86001, Tel. 928 779 69 71, www.hotelmontevista.com

€€–€€€ | The Inn at 410 Liebevoll geführtes Bed & Breakfast mit geräumigen Zimmern in fußläufiger Distanz zu Downtown. Tolles Frühstück. ■ 410 Leroux St, Flagstaff, AZ 86001, Tel. 928 774 00 88, www.inn410.com

Page 50

€ | Lake Powell Motel Wer Mut zur Geschichte hat, kann sich in diesem sympathischen Klassiker einmieten. Das Motel wurde für die Arbeiter des Glen Canyon Dam gebaut. ■ 750 S Navajo Dr, Page, AZ 86040, Tel. 480 452 98 95, www.lakepowellmotel.net

Phoenix und Süd-Arizona

Spektakuläre Wüstenlandschaften und weitläufige Städte geben dem Süden des Bundesstaats ein unverwechselbares Gesicht

Der Süden von Arizona gehört zum überwiegenden Teil zur mächtigen Sonora-Wüste. Bis zu 15 m hohe Saguaro-Kakteen und kahle Gebirgsketten prägen die Landschaft. Die Sonne scheint oft unbarmherzig in der trockenen Region, wo Wasser ein kostbares Gut ist. Auch dank ausgeklügelter Bewässerungssysteme sind in der unwirtlichen Region prosperierende Ballungsgebiete entstanden, allen voran Phoenix und seine Nachbarstädte. Das scheinbar unendliche Platzangebot und das angenehme Wüstenklima gehören für fast fünf Millionen Menschen zum Alltag. Vor allem in den gemäßigt temperierten Wintermonaten kommen Tausende »snowbirds« aus den nördlichen Bundesstaaten hinzu, die an den Swimmingpools oder auf den Golfplätzen Zuflucht vor der Kälte suchen. Auch im Frühling oder im Herbst kann man es sich in Scottsdale, Mesa oder Tucson gut gehen lassen – die Preise bewegen sich dann auf einem Niveau, das auch

Nichtmillionäre verkraften können. So oder so ist die Wüste ein herrliches Revier für Roadtrips, nicht nur wegen der beeindruckenden Landschaften und der Vegetation, sondern auch wegen der stellenweise gut erhaltenen Kultur der Gründerzeit: Im Süden Arizonas kann man noch dem Wilden Westen nachspüren.

In diesem Kapitel:

ADAC Top Tipps:

5 **Scottsdale**
| Stadt |

Die elegante Stadt ist von Bergketten und Wüstenparks umgeben. Ihr Zentrum ist fußgängerfreundlich und mit tollen Hotels ausgestattet, was den Besuch der guten Restaurants und luxuriösen Läden noch attraktiver macht. Scottsdale ist der ideale Ausgangspunkt, um den abwechslungsreichen Grand-Canyon-Staat Arizona zu erkunden. 58

ADAC Empfehlungen:

 Desert Botanical Garden, Phoenix
| Botanischer Garten |
Superbe Anlage zur Huldigung der Wüstenflora – von Opuntien über Orgelpfeifen- bis hin zu den mächtigen Saguaro-Kakteen – mit mehreren Wanderpfaden.

 Taliesin West, Scottsdale
| Bauwerk |
Das Meisterwerk von Amerikas stilprägendem Architekten Frank Lloyd Wright ist auch aus heutiger Sicht noch wegweisend.

 Organ Pipe Cactus National Monument
| Naturpark |
Weit entfernt von der Zivilisation können sich die riesigen Orgelpfeifenkakteen, die nur noch hier in der freien Natur wachsen, und andere Stars der Wüstenflora in voller Schönheit entfalten.

 Fourth Avenue, Tucson
| Straße |
Die Straße in Tucson scheint wie ein Überbleibsel aus dem Amerika vergangener Zeiten und ist auch heute noch eine kettenfreie Hochburg der Gegenkultur.

18 Phoenix

Wüstenstadt von kaum vorstellbarer Ausdehnung

Blick auf das Stadtzentrum von Phoenix mit den Papago Buttes

ℹ Information

■ Visitor Center, 125 N 2nd St (Suite 120), Phoenix, AZ 85004, Tel. 602 254 65 00, www.visitphoenix.com, Mo–Fr 8–17 Uhr
■ Parken: siehe S. 56

Phoenix ist Wüstenstadt und Stadtwüste zugleich. Als Mittelpunkt eines Ballungsgebiets mit rund 4,8 Mio. Einwohnern breitet sich der Großraum von einem Ende zum anderen über mehr als 80 Kilometer aus. Zur »metropolitan area« gehören Scottsdale, Tempe, Mesa, Chandler und viele weitere Orte, die unabhängige Gemeinden sind, ohne Phoenix die Führungsrolle streitig machen zu können. Das gesamte Ballungsgebiet befindet sich in der Sonora-Wüste und es wird auf melodramatische Weise von Bergketten durchzogen, deren Silhouetten im Abendlicht wie die Relikte riesiger Reptilien wirken. Von sonnigem Wetter begünstigt und mit einer (künstlich bewässerten) Wüstenvegetation gesegnet, sind Phoenix und die Nachbarstädte für viele Amerikaner ein paradiesischer Wohnort – auch wenn die Wasserversorgung und der enorme Flächenverbrauch Dauerthemen sind. Für Besucher ist die Region nicht weniger faszinierend: Sie könnte sich kaum mehr von Europa unterscheiden.

Plan
S.57

Ende Mai, wenn viele Gewächse in voller Blüte stehen. Im Sommer ist der Besuch aufgrund der extremen Temperaturen nur in den Tagesrandstunden eine Freude.

■ 1201 N Galvin Pkwy, Tel. 480 941 12 25, www.dbg.org, tgl. 7–20 Uhr, Eintritt 25/13 $

❷ Heard Museum
| Museum |

Als eines der wichtigsten Museen seiner Art widmet sich das Haus Geschichte und Gegenwart der indigenen Völker Amerikas. Schwerpunkte liegen auf Brauchtum, Kultur und Kunst. Zu der qualitativ hochwertigen Sammlung, die in einem Gebäude im spanischen Kolonialstil gezeigt wird, gehören historische Artefakte, aber auch Exponate aus der jüngeren Vergangenheit. Wechselausstellungen runden das Portfolio ab, zudem gibt es einen schönen Skulpturengarten.

■ 2301 N Central Ave, Tel. 602 252 88 40, www.heard.org, tgl. 9.30–17 Uhr (So ab 11 Uhr), 1. Fr im Monat bis 22 Uhr, 18/7,50 $

❸ Phoenix Public Market
| Markt |

Die neue Welt imitiert die alte: Auf dem 2005 etablierten Markt bieten Farmer unter freiem Himmel ihre Produkte an. Die Betreiber von Streetfood-Wagen und Cafés komplettieren das Angebot auf dem ungemein populären Markt.

■ 721 N Central Ave, Tel. 602 625 67 36, www.phxpublicmarket.com, Sa 8–12 Uhr (Winter bis 13 Uhr)

 Sehenswert

❶ Desert Botanical Garden
| Botanischer Garten |

 Die einmalige Vegetation der Wüste im Schnelldurchgang

Die Wüste lebt. Nirgendwo wird das deutlicher sichtbar als in dieser Mischform aus Botanischem Garten und Landschaftspark an der Grenze von Phoenix zu Scottsdale. Von Opuntien über Orgelpfeifen- bis hin zu den mächtigen Saguaro-Kakteen können Besucher die Wüstenflora auf fünf thematisch abgegrenzten Rundwegen erkunden. Die schönste Zeit für einen Besuch ist von Ende März bis

4 Heritage Square
| Platz |

Wer die unendlich erscheinende Ausdehnung von Phoenix heute erkundet, kann sich nur schwer der Vorstellung hingeben, dass hier zu Beginn des 20. Jh. nur wenige Häuser gestanden haben. Ein Häuserblock erinnert am Rand von Downtown an die Anfänge der Stadt. Im Schatten der Hochhäuser erscheint Heritage Square wie die Ausgrabung aus einer längst vergangenen Zeit. Das liebevoll restaurierte Rosson House Museum gestattet Einblicke in ein Wohnhaus aus viktorianischem Zeitalter und in die Stadtgeschichte.

■ Zwischen E Monroe und E Adams sowie N 6th und 7th St, Museum, Tel. 602 262 50 70, www.heritagesquarephx.org, Mi–Sa 10–16, So 12–16 Uhr, 9/4 $

Das restaurierte Rossom House Museum am Heritage Square

ADAC *Wussten Sie schon?*

Hauptstadt der Oldtimer
Das trockene Wüstenklima verlängert die Lebensdauer von Automobilen. Aufgrund dieser Faustregel konnte sich der Großraum Phoenix als Austragungsort für die weltweit wichtigsten Versteigerungen klassischer Automobile etablieren. Jedes Jahr im Januar pilgern Liebhaber von Oldtimern nach Arizona, um bei Auktionen wie Barrett-Jackson (www.barrett-jackson.com) oder Russo and Steele (www.russoandsteele.com) ihr Glück zu versuchen. Unter den Hammer kommen formschöne Limousinen aus den USA, aber auch schnittige Sportwagen aus Europa. Auch die Auktionen an sich sind ein Erlebnis.

5 Children's Museum of Phoenix
| Museum |

Interaktives Mitmachmuseum für Kinder und Jugendliche auf drei Stockwerken mit Hunderten von Aktivitäten, darunter ein »Nudelwald«, den Kinder durchstreifen können, ein Kunststudio und ein Bereich, in dem sie Forts aus Stoff bauen können.

■ 215 N 7th St, Tel. 602 253 05 01, www.childrensmuseumofphoenix.org, Di–So 9–16 Uhr, 12 $

Parken

Vielerorts sind die Parkplätze in Phoenix kostenlos. In Downtown gibt es 25 000 kostenpflichtige Parkplätze, 1–1,5 $/Std. ■ www.phoenix.gov/streets/parking-meters

Verkehrsmittel

Im Großraum Phoenix fährt eine Stadt-
bahn (Light Rail), die bis nach Tempe,
Mesa und zum Flughafen Sky Harbour
führt. ■ www.valleymetro.org

Restaurants

€ | **Desoto Central Market** In einem
restaurierten Autohaus entfachen
acht Lokale ein kulinarisches Feuerwerk. ■ 915 N Central Ave, Tel. 602 680
77 47, www.desotocentralmarket.com, tgl.
8–24 Uhr, Plan S. 57 nördl. von b1

€€€ | **Durant's** Das 1950 eröffnete
Steakhouse ist bis weit über die Grenzen der Stadt hinaus eine Legende.
■ 2611 N Central Ave, Tel. 602 264 59 67,

www.durantsaz.com, Mo–Fr 11–22, Sa, So
16–22 Uhr, Plan S. 57 nördl. von b1

Einkaufen

Chandler Premium Outlets Outlet-
Mall mit rund 90 Läden hochwertiger
Marken. ■ 4976 Premium Outlet Way,
Chandler, AZ 85226, Tel. 480 639 17 66,
www.premiumoutlets.com, Mo–Sa 10–
21, So 10–19 Uhr, Plan S. 57 südöstl. von c3

Events

**World Championship Hoop Dance
Contest** Das Heard Museum ist Austragungsort der Weltmeisterschaft im
Reifentanz, zu der viele indigene Völker anreisen. ■ www.heard.org

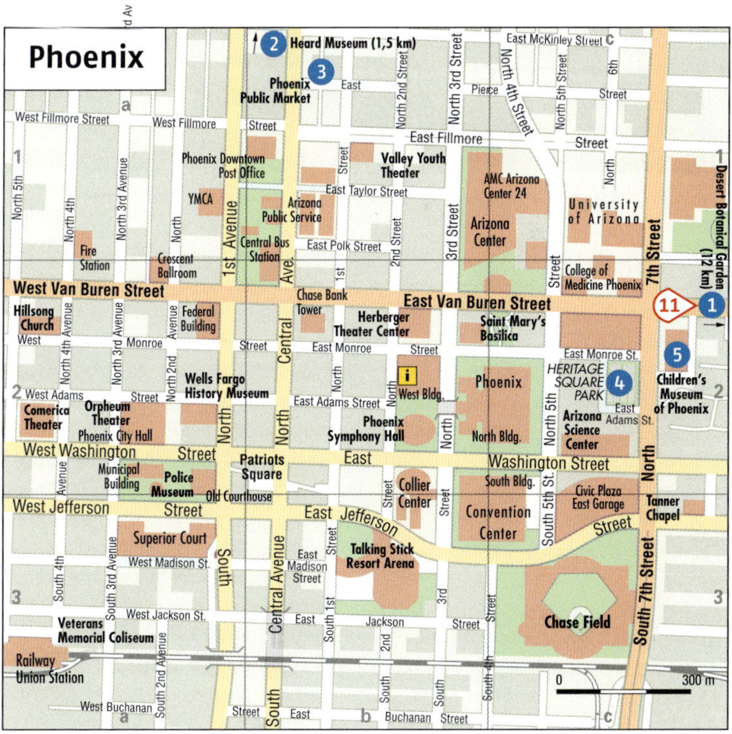

Phoenix

East McKinley Street c

Heard Museum (1,5 km)

Phoenix Public Market

West Fillmore Street — West Fillmore Street

East Fillmore Street

Phoenix Downtown Post Office — Valley Youth Theater

AMC Arizona Center 24

University of Arizona

YMCA — Arizona Public Service

Fire Station — Central Bus Station — Arizona Center

Crescent Ballroom — College of Medicine Phoenix

Desert Botanical Garden (12 km)

West Van Buren Street — Chase Bank Tower — **East Van Buren Street**

Hillsong Church — Federal Building — Herberger Theater Center — Saint Mary's Basilica

Wells Fargo History Museum — HERITAGE SQUARE PARK — Children's Museum of Phoenix

Comerica Theater — Orpheum Theater — West Bldg. — Phoenix

Phoenix City Hall — Phoenix Symphony Hall — North Bldg. — Arizona Science Center

West Washington Street — Patriots Square — **East** — **Washington Street**

Municipal Building — Police Museum — Old Courthouse — Collier Center — South Bldg. — Civic Plaza East Garage — Tanner Chapel

West Jefferson Street — **East Jefferson Street** — Convention Center

Superior Court — Talking Stick Resort Arena

Veterans Memorial Coliseum — Chase Field

Railway Union Station — West Buchanan Street — Buchanan Street

0   300 m

19 Scottsdale

Mondäne Stadt mit fußgängertauglichem Kern

Typische Ladenfront in Oldtown Scottsdale mit Galerien, Shops und Lokalen

 Information

■ Tourist Information Center, 7014 E Camelback Rd (am Food Court der Fashion-Square-Mall), Scottsdale, AZ 85251, Tel. 480 421 10 04, www.experiencescottsdale.com, Mo–Sa 9–18, So 10–17 Uhr
■ Parken: siehe S. 60

 Glamouröse Wüstenstadt mit europäischer Anmutung

Mit seiner Weitläufigkeit, dem schachbrettartigen Entwurf und den breiten Straßen mutet Scottsdale sehr amerikanisch an. Doch der erste Eindruck täuscht: Die Stadt im Norden von Phoenix besitzt einen Kern, der sich gut zu Fuß erkunden lässt: Old Town Scottsdale und die am Arizona Canal gelegene Waterfront liegen dicht beieinander – perfekt für eine Pause während eines Roadtrips. In Scottsdale ist es gar ein Privileg, in der City zu wohnen und aufs Auto zu verzichten. »It's so european«, sagen viele Einheimische über diesen Lebensstil. Auch Gesundheitsbewusstsein, ein Sinn für Nachhaltigkeit und Bewegungsfreude zeugen von einer Andersartigkeit. Während Amerikaner gern im Winter zum Golfen nach Scottsdale kommen, scheuen Europäer die heißen (und viel günstigeren) Sommermonate nicht.

Plan
S.61

❷ Scottsdale's Museum of the West
| Museum |

Die moderne Variante des Heimatmuseums thematisiert die Vergangenheit in hohen Räumen u.a. mit Filmplakaten, Multimediaeinspielungen und moderner Kunst. Sehenswert!

■ 3830 N Marshall Way, Tel. 480 686 95 39, www.scottsdalemuseumwest.org, Di–Sa 9.30–17, Do bis 21 (nur Nov.–Apr.), So 11–17 Uhr, 15/8 $

❸ Waterfront
| Stadtviertel |

Seit die Straßen zu beiden Ufern des Arizona-Kanals mit Läden, Galerien, Restaurants, Springbrunnen und Palmen aufgehübscht wurden, brummt die Waterfront.

■ Zwischen N Scottsdale Blvd, N Goldwater Blvd, E Camelback Rd und E 5th Rd, www.scottsdalewaterfrontshopping.com

---

⬤ **Sehenswert**

❶ Old Town Scottsdale
| Stadtviertel |

Die ältesten Straßen der Stadt sind nach europäischen Vorstellungen zwar nicht wirklich alt. Wohl aber widmen sich die Läden und Galerien indigenen Völkern, Cowboykultur und anderen Phänomenen der amerikanischen Vergangenheit. Restaurants, Bars und Clubs komplettieren das Angebot des populären (und ziemlich touristischen) Ausgehviertels.

■ E Main St, E 1st St und E 1st Ave zwischen N Brown Ave und N Marshall Ave, www.oldtownscottsdale.com

❹ Taliesin West
| Bauwerk |

 Meisterwerk des Architekten Frank Lloyd Wright

Als Frank Lloyd Wright sein stilprägendes Präriehaus 1937 vollendet hatte, war herum nichts als felsige Wüste. Bald darauf sollte sich der Stararchitekt über die Beeinträchtigung des Panoramas durch Hochspannungsmasten beschweren. Heute steht das Wohnhaus und Atelier am Rand einer Mega-Stadt. Von seiner visionären Kraft hat das Meisterwerk nichts eingebüßt.

■ 12621 N Frank Lloyd Wright Blvd, Tel. 480 627 53 75, www.franklloydwright. org, tgl. 8.30–18 Uhr, Touren ab 34 $

ADAC *Spartipp*

Happy Hour

Das Leben in den Städten der Schönen und Reichen hat seinen Preis. Doch auch die Einwohner von Scottsdale und anderen bevorzugten Wohnorten der Elite möchten nicht für jedes Mahl tief in die Tasche greifen. Das wissen auch die Gastronomen: Um ihre Tische auch in den Tagesrandzeiten voll besetzen zu können, locken sie das Publikum mit Happy Hours. Meist zwischen 16 und 19 Uhr kosten Appetizer, Cocktails und anderes nur die Hälfte oder noch weniger des Normalpreises. Ein Sparmodell, das in den USA weitverbreitet ist.

5 McDowell Sonoran Preserve
| Naturpark |

Mit über 120 Quadratkilometer Fläche und einem Wegesystem von mehr als 300 Kilometern gehört das Naturreservat zu den größten urbanen Naturparks der USA. Landschaft, Flora und Fauna der Sonora-Wüste können sich hier ungehindert entfalten. Von den Wegen hat man einen schönen Blick auf das Tal und Scottsdale.

 18333 N Thompson Peak Pkwy, Tel. 480 998 79 71, www.mcdowellsonoran. org, tgl. Sonnenauf- bis -untergang

P Parken

Das Parken in Scottsdale ist für einen begrenzten Zeitraum (meist 3 Std.) an fast allen Straßen kostenlos möglich, darüber hinaus gibt es mehr als 3000 kostenlose Parkplätze in der City.

Verkehrsmittel

Vier kostenlose Trolley-Busrouten verbinden die wichtigsten Sehenswürdigkeiten miteinander. Die Busse in Downtown fahren täglich von 10–21 Uhr. ■ www.scottsdaleaz.gov/trolley

Restaurants

€ | **Craft 64** Hausgemachte Pizza aus dem Holzofen und eine große Auswahl an Craft-Bieren sorgen Tag für Tag für volle Tische – zum Teil unter freiem Himmel. ■ 6922 E Main St, Tel. 480 946 05 42, www.craft64.com, tgl. 11–23 Uhr, Plan S. 61 a3

€ | **Modern Market** Gesunde Nahrungsmittel für jede Form der Ernährung. Von vegan über paleo bis zu »high carb« werden gesunde Nahrungsmittel verwendet, die von Farmen kommen und nicht aus Fabriken stammen. Vom Salat über das Curry bis hin zur leckeren Pizza werden bei allen Gerichten genaue Angaben zum Nährwert gemacht. ■ 4821 N Scottsdale Rd, Tel. 480 947 11 31, www.modernmarket. com, tgl. 8–21 Uhr, Plan S. 61 nördl. von a1

€–€€ | **Postino Highland** Italienische Leckereien in Tapas-Größe mit umfangreicher Weinkarte und gestyltem Ambiente. Spezialität sind extravagante Bruschetta. Happy Hour vor 17 und Mo, Di nach 20 Uhr. ■ 4821 N Scottsdale Rd, Tel. 602 428 44 44, www.postinowine cafe.com, Mo–Do 11–23, Fr 11–24, Sa 9–24, So 9–22 Uhr, Plan S. 61 nördl. von a1

Cafés

Creamistry Unter Zuhilfenahme von gefrorenem Stickstoff und mit viel Tamtam stellen Eismeister binnen weniger Minuten aus frischen Zutaten individuelle Kreationen her. Der letzte Schrei! ■ 7135 E Camelback Rd, Tel. 480 664 05 68, www.creamistry.com, So–Do 12–22, Fr, Sa 12–23 Uhr, Plan S. 61 a1

Einkaufen

Fashion Square Die größte Shopping-mall Arizonas zählt mehr als 225 Läden auf drei Etagen. Viele Luxusmarken buhlen um die Dollars des zahlungs-kräftigen Publikums. ■ 7014 E Camel-back Rd, Tel. 480 941 21 40, www.fashion square.com, Mo–Sa 10–21, So 11–18 Uhr, Plan S. 61 a1

Entspannung

Sanctuary Spa Die Wellness-Einrich-tungen werden von Fachpublikatio-nen regelmäßig gelobt: Der Infinity Pool an den Flanken der Camelback Mountains gestattet einen tollen Blick auf Phoenix, die Massagen und Schön-

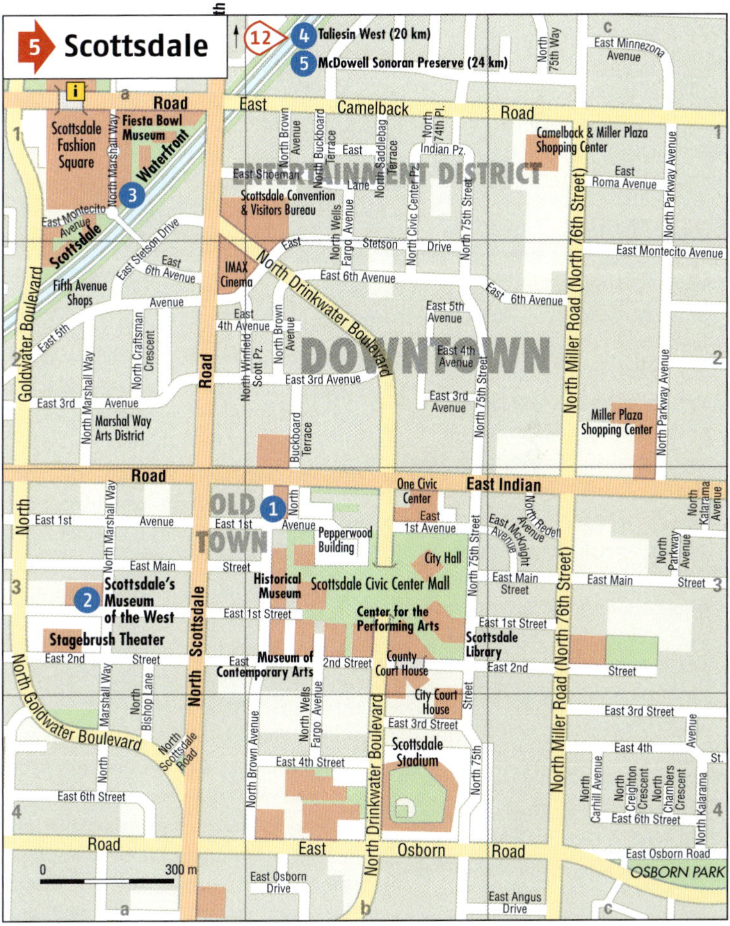

5 **Scottsdale**

↑ 12 4 Taliesin West (20 km)
5 McDowell Sonoran Preserve (24 km)

Map of Scottsdale showing streets including East Camelback Road, North Drinkwater Boulevard, North Scottsdale Road, North Miller Road, East Indian School Road, East Osborn Road. Labeled districts: ENTERTAINMENT DISTRICT, DOWNTOWN, OLD TOWN. Points of interest: Scottsdale Fashion Square, Fiesta Bowl Museum, Waterfront, Scottsdale Convention & Visitors Bureau, Fifth Avenue Shops, IMAX Cinema, Marshal Way Arts District, One Civic Center, Pepperwood Building, City Hall, Historical Museum, Scottsdale Civic Center Mall, Scottsdale's Museum of the West, Stagebrush Theater, Center for the Performing Arts, Museum of Contemporary Arts, County Court House, City Court House, Scottsdale Library, Scottsdale Stadium, Miller Plaza Shopping Center, Camelback & Miller Plaza Shopping Center, Osborn Park.

0   300 m

heitsbehandlungen erlauben derweil innere Einkehr. Sanctuary Resort, 5700 E McDonald Dr, Paradise Valley, AZ 85253, Tel. 855 245 20 51, www.sanctuaryoncamel back.com, Plan S.61 nordwestl. von a1

✳ Erlebnisse

Art Walk Jeden Donnerstag sind die teilweise ziemlich kitschigen Galerien in Old Town von 17–19 Uhr zum Art Walk geöffnet – mit Vernissagen, Snacks und Drinks. ■ www.scottsdale galleries.com, Plan S.61 ab3

Scottsdale Wine Trail In Arizona wird Wein angebaut? Ja – und zwar durchaus keine minderwertigen Gewächse. Zwar ist die Anzahl der kontrollierten Anbaugebiete noch auf zwei beschränkt, doch vor allem die Rebsorten aus dem Rhone-Tal und aus der Toskana machen sich gut an den Bergflanken. In Scottsdale haben sich fünf Winzer niedergelassen, um mit Verkostungslokalen (und angeschlossenen Shops) eine Probierroute zu formieren. ■ www.scottsdalewine trail.com

20 Tempe

Lebendige Studentenstadt mit einem Stausee in der Mitte

ℹ Information

■ Tourism Office, 222 S Mill Ave, Tempe, AZ 85281, Tel. 800 283 67 34, www. tempetourism.com, Mo–Fr 8.30–17 Uhr

Mehr als 70 000 Studenten besuchen die Arizona State University mit Hauptsitz in Tempe. Das bürgt seit Jahrzehnten für ein lebendiges Zentrum, dessen unbestrittene Hauptstraße die South Mill Avenue ist. Zwar mussten billige Buchhandlungen und sympathische Bars inzwischen kapitalkräftigeren Unternehmen weichen. Doch in den Bars und Restaurants geht es immer noch hoch her. Mit der Höhe der Gebäude ist auch die Infrastruktur gewachsen: Tempe wird von einer Light Rail bedient, der Straßenbahn der Gegenwart. Auch sonst zeigt die Stadt Charakter: Das Stadtzentrum ist durch den nahen Hügel (Tempe Butte) stets gut zu erkennen. Westlich daneben steht die Ruine eines Getreidespeichers, dem die Mill Avenue ihren Namen verdankt. Auf der anderen Seite befindet sich das riesige Football-Stadion der Arizona State Sun Devils. Ein wenig merkwürdig bleibt indes, dass die Studenten ganz in der Nähe Stand-up-Paddling und andere Wassersport-

ADAC *Mobil*

Valet Parking

Den eigenen Wagen selbst abstellen? Dieser beschwerliche Akt gehört in den USA weitgehend der Vergangenheit an. Wer im gepflegten Hotel oder im vornehmen Restaurant vorfährt, überlässt das Parken dem eigens dafür abgestellten Personal. Schlüssel abgeben, Beleg in Empfang nehmen – und schon kann das Vergnügen losgehen. Auch bei Sport-Events und in Einkaufszentren erfreut sich diese Dienstleistung großer Beliebtheit. Mit Preisen zwischen sieben (Restaurant) und 35 Dollar (Großstadt) kann der Service freilich auch ein Loch ins Budget reißen. Wenn Sie das Geld sparen möchten, scheuen Sie sich nicht, das Personal nach Alternativen zu fragen.

arten ausüben können: Mitten in Tempe ist der Salt River zu einem See aufgestaut.

 ### Restaurants

€ | Pedal Haus Brewery Von Hummus bis zu geräucherten Rippchen serviert das Haus alles, was Studenten sättigt. Die Bierauswahl ist ebenso groß wie die Anzahl von Plätzen im Freien. ■ 730 S Mill Ave, Tel. 480 314 23 37, www.pedalhausbrewery.com, So–Mo 11–23, Fr, Sa 11–1 Uhr

 ### Konzert

ASU Gammage Der multifunktionale Konzertsaal für 3000 Zuschauer war eine der letzten Auftragsarbeiten von Frank Lloyd Wright. ■ 1200 S Forest Ave, Tel. 480 965 34 34, www.asugammage.com

 ### Einkaufen

Zia Records Tolles Fachgeschäft für Vinylschallplatten, Kassetten, Comics und Pop-Literatur. ■ 3201 S Mill Ave, Tel. 480 829 19 67, www.ziarecords.com, tgl. 10–24 Uhr

21 Organ Pipe Cactus National Monument

Abgelegene Wildwestlandschaft mit Kakteenwäldern

 ### Information

■ Kris Eggle Visitor Center, 10 Organ Pipe Dr, Ajo, AZ 85321, Tel. 520 387 68 49, www.nps.gov/orpi, tgl. 8–17 Uhr, 12 $ pro Fahrzeug

Im Blickpunkt

Die indigenen Völker Amerikas

Indianer? Dieses Wort beruht auf einem Missverständnis aus dem 15. Jh. Zwar wird das Wort auch heute noch oftmals als Oberbegriff für die Ureinwohner Nordamerikas verwendet. Auch Bezeichnungen wie »native americans«, »american indians« oder »first nations« (überwiegend in Kanada) kursieren als Alternativen. Wer jedoch persönlich nachfragt, erfährt ohne Umschweife, dass diese am liebsten als »Mitglieder des indigenen Volkes« zum Beispiel der Navajo oder der Apachen angesprochen werden. Nur diese Bezeichnung werde der Vielfalt gerecht – allein in Arizona existieren schließlich 22 staatlich anerkannte Völker. Etwa 44 000 Mitglieder indigener Völker leben im Großraum Phoenix. Wer sich für ihre Geschichte und Kultur interessiert, ist im Heard Museum (S. 55) gut aufgehoben.

Die charakteristischen Wüstenlandschaften Arizonas sind faszinierend. Am intensivsten wirken sie in diesem grenzübergreifenden Biosphärenreservat. Das liegt nicht allein an den melodramatischen Konturen der Bergzüge, sondern auch an der Abgeschiedenheit der Region: Mehr als 200 Kilometer südwestl. von Phoenix im Grenzgebiet zu Mexiko gelegen, ist das im Jahr 1937 zum Nationaldenkmal erhobene Areal einer der letzten Rückzugsräume in den USA, wo die

Im Blickpunkt

Die Vegetation des Südwestens

Die Pflanzenvielfalt gehört zu den großen Attraktionen des Südwestens. Am auffälligsten ist der Saguaro-Kaktus, dessen majestätisches Erscheinungsbild zu einem Wahrzeichen geworden ist. Doch auch die Orgelpfeifenkakteen, Yuccas und der einzigartige Joshua Tree sind in der Wüste Arizonas und Nevadas weitverbreitet. Die beste Reisezeit für Pflanzenfans ist der April, wenn viele Wüstengewächse blühen. Am sichtbarsten sind die gelblich-grünen Blüten des Palo-Verde-Baums. Doch auch die vielen Opuntien, der Goldkugelkaktus oder die Kerzen-Palmlilie beeindrucken mit wunderbaren Blüten. Am schnelllebigsten sind die Blüten der ältesten Pflanzen: Die weißen Austriebe der Saguaros öffnen sich kurz nach Mitternacht, um am nächsten Tag wieder zu verblühen.

Orgelpfeifenkakteen noch in großen Stückzahlen gedeihen. Strauchartig wachsend, erreichen diese meist eine Höhe von fünf bis sechs Metern.

Die Orgelpfeifen müssen in dem Biosphärenreservat die Gesellschaft von nicht weniger als 26 weiteren Kakteenarten »dulden« – darunter eine große Anzahl majestätischer Saguaros. Das Befahren der Nord-Süd-Trasse durch den Park ist vor allem im Abendlicht ein meditatives Erlebnis. Andere Rundstrecken (wie der 35 km lange Ajo Mountain Drive) sind nicht asphaltiert. Der Puerto Blanco Drive verläuft über 55 Kilometer zum Teil in nur wenigen Metern Entfernung zur mexikanischen Grenze.

Der Grenzübertritt in den mexikanischen Teil des Naturreservats ist zwar theoretisch in Lukeville möglich, allerdings wird eine spezielle Versicherung benötigt, die nicht für Mietwagen erhältlich ist.

22 Saguaro National Park

Zweigeteilter Park zur Huldigung von Arizonas Wahrzeichen

 Information

■ Red Hills Visitor Center, 2700 N Kinney Rd, Tucson, AZ 85743, Tel. 520 733 51 58, www.nps.gov/sagu, tgl. 9–17 Uhr, 15 $ pro Fahrzeug

Nicht weit entfernt von den Grenzen der Großstadt Tucson erheben sich zwei Bergketten, die 1994 zum Teil den Status eines Nationalparks erhalten haben. Beide Sektionen liegen knapp 50 Kilometer auseinander. Durch die Nähe zu Tucson ist hier im Unterschied zum Organ Pipe Cactus National Monument (S.63) das Gefühl der Abgeschiedenheit nicht sonderlich ausgeprägt. Dafür ist der Park so leicht zugänglich, dass man ihm auch auf der Durchreise einen Besuch abstatten kann. Das gilt insbesondere für den Tucson Mountain District im Westen, der nur ein paar Autominuten von anderen Attraktionen entfernt ist. Hier locken ein interessantes Besucherzentrum, einige kurze Leerpfade sowie der Bajada Loop Drive, der über knapp neun Kilometer durch die Hügel führt. Die Straße ist nicht asphaltiert und stellenweise etwas ruppig, aber unter normalen Umständen auch mit einem Pkw befahrbar. Der Rincon Mountain District im Osten ist um einiges schroffer, er liegt höher und wird gemeinhin weniger besucht.

23 Tucson

In Arizonas zweitgrößter Stadt lebt die Gegenkultur

Information

◾ Visitor Center, 811 N Euclid Ave, Tucson, AZ 85701, Tel. 800 638 83 50, www.visittucson.org, tgl. 9–17 Uhr

Mit mehr als 530 000 Einwohnern ist Tucson die zweitgrößte Stadt Arizonas. Anders als im konservativen Phoenix frönen hier viele Menschen einem fortschrittlichen oder alternativen Lebensstil. Bester Beweis hierfür ist die Fourth Avenue, doch auch Downtown Tucson strotzt vor allem an Wochenenden vor Lebensfreude. Beeindruckend ist die spanische Missionskirche San Xavier del Bac (www.sanxavier mission.org) aus dem Jahr 1797.

ADAC *Spartipp*

Kühlbox im Kofferraum
Wer stilecht durch den Südwesten reisen möchte, kommt an einer Kühlbox kaum vorbei. Bei einer Reise durch die klimatischen Extreme der Wüste ist es von Vorteil, stets kaltes Wasser dabei zu haben. Außerdem ist der Einkauf im Supermarkt deutlich preiswerter als an einer Tankstelle. Weiterer Vorteil: Bei der Ankunft im Hotel sind auch Bier und Wein auf Trinktemperatur. Im Zimmer wartet dann meist ein leerer Kühlschrank darauf, die mitgebrachten Getränke auf Temperatur zu halten. Dies nur, falls Sie sich schon mal gefragt haben, was man als Hotelgast mit einem leeren Kühlschrank anfangen soll.

Sehenswert

Arizona Sonora Desert Museum
| Naturpark |
Schon seit 1952 verschreibt sich diese Einrichtung der Dokumentation und Konservierung aller in der Sonora-Wüste vorkommenden Lebensformen. Zoo, Botanischer Garten und Museum sind gleichberechtigte Teile.
◾ 2021 N Kinney Rd, Tel. 520 883 27 02, www.desertmuseum.org, tgl. 7.30–17 Uhr (Winter ab 8.30 Uhr), 23/8 $

Fourth Avenue
| Straße |
 Die ehemalige Hippie-Hochburg ist bis heute unangepasst
In den 1960er- und 1970er-Jahren war die Straße eine Hochburg der Gegenkultur. Das hat sich bis heute kaum

Haus im spanisch-mexikanischen Stil im Stadtviertel El Presidio

geändert: Wer über die Fourth Avenue flaniert, kommt vorbei an Schallplattengeschäften und Buchhandlungen. Es riecht nach Räucherstäbchen und Vintage-Klamotten. Die Restaurants haben vegane und glutenfreie Speisen im Angebot. Und die Ketten, die sonst ganz Amerika dominieren, müssen draußen bleiben. Herrlich!
■ www.fourthavenue.org

El Presidio
| Stadtviertel |

Nordwestlich von Downtown stehen einige der ältesten kontinuierlich bewohnten Gebäude des amerikanischen Westens. Die Lehmziegelbauten stammen aus der Zeit um 1775 und sind im spanisch-mexikanischen Stil gehalten. Das Tucson Museum of Art (140 N Main Ave, www.tucsonmuseum ofart.org) bietet Führungen durch das Viertel an (Okt.–April, Mi, Do 11 Uhr).
■ Zwischen W 6th St, W Alameda St, N Stone Ave und Granada Ave, www.nps. gov/nr

 Verkehrsmittel

Eine Light Rail (Straßenbahn) verbindet vier wichtige Stadtteile Tucsons miteinander. ■ Tagesticket 4,50 $, www. sunlinkstreetcar.com

 Restaurants

€ | Obon Fusion-Food-Lokal mit offener Küche. Die Gäste bestellen gern Poké, eine Spezialität aus Hawaii. ■ 350 E Congress St, Tel. 520 485 35 90, www. fukushuconcepts.com/obon, Mo–Fr 11–23, Sa 16–24, So 16–23 Uhr
€€ | Cafe Poca Cosa Einfallsreiche mexikanische Küche in coolem Ambiente. ■ 110 E Pennington St, Tel. 520 622 64 00, www.cafepocacosatucson.com, Di–Sa 11–21/22 Uhr

 Einkaufen

Old Town Artisans In einem Block von El Presidio haben sich sympathische Läden niedergelassen, die einen hübschen Patio mit dem Lokal La Cocina einrahmen. ■ 201 N Court Ave, www. oldtownartisanstucson.com

 Kinder

Old Tucson Der Wilde Westen lebt – zumindest am Stadtrand von Tucson. In dieser Mischform aus Filmstudio, Freilichtmuseum und Themenpark rollen die Pferdekutschen und ziehen die Cowboys ihre Colts. Die Straßen und Gebäude dienten bereits oft als Filmkulisse. Das Ganze ist nett gemacht und sollte kleinen wie großen Kindern gut gefallen. ■ 201 S Kinney Rd, Tel. 520 883 01 00, www.oldtucson.com, wechselnde Öffnungszeiten, siehe Website, 20/10 $

24 Bisbee

Das charmante Städtchen liegt inmitten steiler Berge

 Information

■ Visitor Center, 478 Dart Rd, Bisbee, AZ 85603, Tel. 520 432 35 54, www.discoverbisbee.com

Nahe an der mexikanischen Grenze überrascht Bisbee im äußersten Südwesten von Arizona mit einer ungewöhnlichen Topografie. In ihrer Blütezeit Anfang des 20. Jh. war das heute 6000 Einwohner zählende Städtchen ein prosperierender Fundort von Gold, Silber und Kupfer. Das Mining & Historical Museum (www.bisbeemuseum. org) wirft einen Blick zurück in diese Zeit. Geblieben sind weiterhin von Backsteinbauten flankierte Straßenzüge, teils skurrile Läden, gute Restaurants und Cafés, interessante Galerien sowie in den steilen Berg gebaute Häuser. Das Gesamtensemble wird immer wieder gern als Filmkulisse verwendet. Weil Bisbee auf 1800 m Höhe liegt, ist es hier um einige Grad kühler als in Tucson.

 In der Umgebung

Tombstone

| Wüstenstadt |

Einst ist es hoch hergegangen in dieser Boomtown des Wilden Westens. Heute dienen die authentisch erhaltenen Straßenzüge als Spielwiese für Cowboy-Darsteller, Kutscher und Saloon-Inhaber. Das Ganze ist sehr touristisch, aber durchaus sympathisch und kostenlos zugänglich.
■ www.tombstoneweb.com

ADAC *Mobil*

Eine zweite Grenze

Der Kampf gegen Drogen und vermeintlich illegale Einwanderer aus Mittel- und Südamerika ist schon lange ein großes Thema an der Grenze zwischen den USA und Mexiko. Wer im äußersten Süden von Arizona und New Mexico unterwegs ist, muss sich daher auf zusätzliche Kontrollen einstellen. Auf den Strecken von Bisbee, Tombstone oder Nogales zurück in den Norden wurden sogar stationäre Grenzposten eingerichtet, wo ausgebildete Drogenhunde die Fahrzeuge umkreisen. Dies sollte jedoch kein Grund für Nervosität sein. Die Passagiere aller Fahrzeuge sollten nur darauf vorbereitet sein, Fragen zu beantworten und ihren Reisepass vorzuzeigen.

Übernachten

Südarizona ist wegen seines Klimas vor allem für Amerikaner ein eigenständiges Reiseziel. Entsprechend groß ist das Angebot an Resorts, die ihre Gäste mit Poollandschaften und Golfplätzen locken. Der unbefangene Aufenthalt unter freiem Himmel allerdings ist wegen der Hitze nur von Dezember bis April möglich. In dieser Hauptsaison können auch die Preise vor allem in den Luxushochburgen Scottsdale und Phoenix extrem teuer ausfallen. Zimmerpreise von über 500 Dollar sind dann keine Seltenheit, die anderen Monate sind deutlich preiswerter. Neben den Resorts zählen auch eine wachsende Zahl von Boutiquehotels sowie die üblichen Kettenhotels zur Angebotspalette, auch hier gelten die saisonalen Unterschiede.

Phoenix 54

€€–€€€ | The Camby Designhotel im Stadtteil Biltmore. Die Gäste der nach Norden ausgerichteten Zimmer blicken auf die charakteristischen Camelback Mountains. Mit Bar und Pool über den Dächern der Stadt. ■ 2401 E Camelback Rd, Phoenix, AZ 85016, Tel. 602 468 07 00, www.thecamby.com

€€€ | Palomar Lange galt Downtown als wenig attraktiv. Das hat sich geändert. Das neue Boutiquehotel bietet Zimmer mit stilistischen Anklängen des Mid Century Modern. ■ 2 E Jefferson St, Phoenix, AZ 85004, Tel. 602 253 66 33, www.hotelpalomar-phoenix.com

Scottsdale 58

€€ | Adeline
Von der Architektur erinnert die Unterkunft eher an ein Motel. Doch in Wahrheit handelt es sich um einen Gegenentwurf mit chic eingerichteten Zimmern und frechem Design. Leihfahrräder. ■ 5101 N Scottsdale Rd, Scottsdale, AZ 85250, Tel. 480 284 77 00, www.hoteladeline.com

€€ | Bespoke Inn Kleine Anlage mit eleganten Zimmern in der typischen Bauweise des Südwestens. Zum Haus gehört der wohl beste Italiener der Stadt (Virtù) sowie ein mit Kamin, Springbrunnen und üppiger Begrünung ausgestatteter Patio. ■ 3701 N Marshall Way, Scottsdale, AZ 85251, Tel. 844 861 67 15, www.bespokeinn.com

€€€ | Four Seasons Resort Scottsdale at Troon North Fantastische Anlage mit Zimmern, die auf mehrere in die Wüstenlandschaft eingebettete Gebäude verteilt sind. Die erhöhte Lage gestattet einen herrlichen Blick auf den Großraum Phoenix. ■ 10600 E Crescent Moon Dr, Scottsdale, AZ 85262, Tel. 480 515 57 00, www.fourseasons.com

Tempe 62

€€ | Tempe Mission Palms Hotel
Modernes Hotel mit großen Zimmern, Rooftop-Pool und riesigen Fernsehern in der Nähe von Party-Meile und Uni. Gute Anbindung an Phoenix und Scottsdale. ■ 60 E 5th St Tempe, AZ 85281, Tel. 480 894 14 00, www.destinationhotels.com

Tucson 65

€–€€ | Lodge on the Desert Geschmackvolles Anwesen in der typischen Lehmbauweise des Südwestens. Die Zimmer sind geräumig und haben einen Kamin. Interessant ist der Swimmingpool, dessen Wasser nicht wie sonst überall gechlort, sondern gesalzen ist. ▨ 306 N Alvernon Way, Tucson, AZ 85711, Tel. 520 320 20 00, www.lodgeonthedesert.com

€–€€ | The Congress Die Unterkunft stammt aus den Anfangstagen der Stadt und gehört zu den historischen Hotels Amerikas. Ruhig ist es deshalb nicht: Das Haus liegt mitten in der City, die Bahn ist nicht weit weg, und im Hinterhof befindet sich ein hübscher Biergarten. ▨ 311 E Congress St, Tucson, AZ 85701, Tel. 520 622 88 48, www.hotelcongress.com

€–€€ | The Downtown Clifton Mit der Farbensprache des Südwestens, einem betont hippen Ambiente und freundlichem Personal hat sich das Haus einen Spitzenplatz in der Stadt verdient. Bis in die City sind es nur wenige Blocks. ▨ 485 S Stone Ave, Tucson, AZ 85701, Tel. 520 623 31 63, www.downtowntucsonhotel.com

Bisbee 67

€ | The Copper Queen Das Haus stammt aus den Anfangstagen des Städtchens und dominiert bis heute das Erscheinungsbild des Zentrums. Die Zimmer sind altmodisch. ▨ 11 Howell Ave, Bisbee, AZ 85603, Tel. 520 432 22 16, www.copperqueen.com

€ | The Shady Dell Vintage Trailer Court Für Nostalgiker: Die Gäste nächtigen in umgebauten Wohnwagenklassikern in einer Umgebung mit viel Fifties-Flair. Etwas außerhalb gelegen. ▨ 1 Douglas Rd, Bisbee, AZ 85603, Tel. 520 432 35 67, www.theshadydell.com

ADAC *Das besondere Hotel*

Valley Ho Mid Century Modern heißt eine Stilrichtung in Architektur und Design, die zurückgenommene Eleganz und die Kombination scheinbar nicht zusammengehöriger Materialien miteinander vereint. Das 1956 fertiggestellte Valley Ho verkörpert den in der TV-Serie »Mad Men« kultivierten Stil wie kein zweites Hotel. Schon Bing Crosby, Zsa Zsa Gabor und Tony Curtis haben hier genächtigt. Die Zimmer haben einen Balkon, die Poollandschaft ist cool, und Downtown ist in wenigen Schritten erreichbar.
€€€ | 6850 E Main St, Scottsdale, AZ 85251, Tel. 480 376 26 00, www.hotelvalleyho.com

Santa Fe und New Mexico

Dank der Kulturen der indigenen Völker und der spanischen Siedler hebt sich New Mexico spürbar vom Rest des Landes ab

Wer das erste Mal nach New Mexico kommt, erfährt rasch, dass dieser Staat anders als der Rest der USA ist. Die zum Teil seit mehr als 1000 Jahren bewohnten Pueblo-Siedlungen haben die Architektur und Kultur der Region nachhaltig beeinflusst. Ab dem 16. Jh. haben dann auch spanische und mexikanische Eroberer die Region geprägt und zu übernehmen versucht. Viel später haben Angloamerikaner ihren Einfluss geltend gemacht: New Mexico wurde erst im Jahr 1912 zum 47. Bundesstaat der USA. Diese Historie ist bis heute überall greifbar. Kulturelles Zentrum von New Mexico ist das kleine Santa Fe, das mit Museen, Galerien und einer konsequenten Beibehaltung der Pueblo-Architektur einen unverwechselbaren Charakter besitzt. Am Horizont zeichnen sich die bis zu 4011 m hohen Berge der nahen Sangre de Christo Range ab, die ihres Zeichens die südlichsten Ausläufer der Rocky Mountains sind. Vor allem im Norden rund um das Bergdorf Taos laden die

eindrucksvollen Gipfel zum Skifahren und Wandern ein. Auch Albuquerque ist interessant: Als Drehort der immens populären Fernsehserie »Breaking Bad« hat die Stadt weltweite Bekanntheit erlangt. Fast alle Attraktionen des Staates befinden sich im hoch gelegenen Norden und Westen. Der Süden und Osten New Mexicos sind überwiegend von Prärielandschaften geprägt und werden kaum von Touristen besucht.

In diesem Kapitel:

ADAC Top Tipps:

 6 ▶ **Santa Fe**
| Stadt |

Die einzigartige Architektur im traditionellen Adobe-Stil, vielseitige Museen und Galerien, eine kreative Kunstszene sowie ein herrliches Klima machen die Hauptstadt von New Mexico zu einer Stadt, die spürbar anders als alle anderen amerikanischen Städte tickt. 72

ADAC Empfehlungen:

Georgia O'Keeffe Museum, Santa Fe
| Museum |
O'Keeffe war Wegbereiterin für eine eigenständige Kunstform des Südwestens. Das Museum zeigt eine große Sammlung ihrer Werke. 73

Santa Fe Opera, Santa Fe
| Oper |
Unter freiem Himmel mitten in der Natur und doch überdacht. Mit diesen einzigartigen Vorzügen begeistert die renommierte Kompagnie immer wieder aufs Neue. 76

Taos Pueblo, Taos
| Historische Siedlung |
Die mehrstöckige Siedlung des indigenen Volkes am Stadtrand von Taos ist seit mehr als 1000 Jahren ununterbrochen bewohnt und gehört zum UNESCO-Weltkulturerbe. 78

International UFO Museum and Research Center, Roswell
| Museum |
Die US-Armee hat 1947 angeblich die Reste eines UFOs bei Roswell gefunden. Der Ort ist seitdem zu einem Synonym für einschlägige Theorien geworden. Das Museum klärt darüber auf. 82

Santa Fe

Geschichtsträchtiges wie lebensfreudiges Gesamtkunstwerk

Lehmziegelhaus in der typischen Adobe-Bauweise der Pueblo-Völker

---

ℹ Information

■ Visitor Information Center, 66 E San Francisco St, Santa Fe, NM 87501, Tel. 505 955 62 15, www.santafe.org, tgl. 10–18 Uhr
■ Parken: siehe S. 75

 Zauberhafte Kleinstadt im Spannungsfeld vieler Kulturen

Santa Fe wirkt wie die Hauptstadt eines Landes, das es nie gegeben hat. Ein Land, in dem die Architektur der Pueblo-Völker fortlebt, das spanische Siedler vor vielen Jahrhunderten zu weiterer Blüte gebracht haben – und das seit über 100 Jahren angloamerikanische Künstler inspiriert. Es ist eine kleine Kapitale mit nur 70 000 Einwohnern. Und doch beherbergt sie eine Plaza wie auf der iberischen Halbinsel, spannende Museen und mehr als 350 Galerien. Restaurants mit charismatischer Regionalküche, Brauereien und Läden mit vielfältigen Produkten runden das Angebot ab. Die im Pueblo Revival Style gehaltenen Wohnviertel sind die vielleicht schönsten des ganzen Landes. Fast überall duftet es nach Nadelhölzern. Und das Umland mit dem Gipfel des 3850 m hohen Santa Fe Baldy in nur 24 Kilometer Entfernung ist schlichtweg atemberaubend.

Plan
S.75

Nachlass und ermöglicht somit unvergleichliche Einblicke in ihr Leben und Schaffen.

◼ 217 Johnson St, Tel. 505 946 10 00, www.okeeffemuseum.org, tgl. 9–17 Uhr (Fr bis 19 Uhr), 13 $ (Kinder unter 18 Eintritt frei)

❷ New Mexico Museum of Art
| Museum |

Was macht New Mexico aus? Eine reiche Geschichte, die kulturelle Vielfältigkeit und eine eigenständige Architektur. Wer dieses geräumige Museum mitten im Stadtkern besucht, erfährt all dies auf elegante Weise.

◼ 107 W Palace Ave, Tel. 505 476 50 72, www.nmartmuseum.org, tgl. 10–17, Fr bis 19 Uhr (Winter Mo geschl.), 12 $ (Kinder unter 16 Eintritt frei)

❸ Palace of the Governors/ New Mexico History Museum
| Museum |

New Mexico blickt auf eine lange Geschichte zurück. Das beweist der Palast, den Gouverneur Pedro de Peralta zur Verwaltung der spanischen Territorien errichten ließ. Der Bau wurde 1610 vollendet und ist somit das am längsten kontinuierlich genutzte Bauwerk in den USA. Es beherbergt eine Ausstellung, die einen ersten Überblick über die wechselvolle Geschichte New Mexicos gewährt. Dieser wird im angrenzenden historischen Museum auf ebenso lehrreiche wie unterhaltsame Weise vertieft.

◼ 113 Lincoln Ave, Tel. 505 476 52 00, www.palaceofthegovernors.org, www.nmhistorymuseum.org, tgl. 10–17 Uhr (Winter Mo geschl.), 12 $ für beide Häuser

 Sehenswert

❶ Georgia O'Keeffe Museum
| Museum |

 Größte Sammlung der visionären Malerin

Die Suche nach einer eigenständigen kulturellen Identität war in den USA immer ein großes Thema. Georgia O'Keeffe (1887–1986) hat diese Aufgabe für den Südwesten des Landes mit Bravour übernommen. Ihre abstrakten Interpretationen der Landschaften New Mexicos sind bis heute eine wichtige Inspirationsquelle für Künstler jeglicher Richtung. Das Museum besitzt über 1000 Arbeiten aus ihrem

Im Blickpunkt

Besonderheiten der Küche New Mexicos

Christmas in Sante Fe? Das klingt nach einem milden Winter. In Wahrheit aber handelt es sich um eine ortsübliche Bestellung im Restaurant. Wer seine neumexikanischen Gerichte in der »Christmas«-Version bestellt, erhält eine Mischung aus Green Chile und Red Chile. Die Saucen sind Bestandteil eines jeden regionalen Gerichts, wobei der Schärfegrad der Auslegung des jeweiligen Küchenchefs obliegt. Doch keine Sorge: In aller Regel sind die Chiles auch für Ungeübte genießbar.

4 Santa Fe Plaza
| Platz |

Das Karree ist seit fast 400 Jahren das Herz der Stadt. Unter den Bäumen finden Müßiggänger wie Musiker ein schattiges Plätzchen. Und manchmal ist es hier auch einfach nur herrlich ruhig.

5 Cathedral Basilica of St. Francis of Assisi
| Kirche |

Das im neoromanischen Stil errichtete Gotteshaus ist Sitz der Erzdiözese von Santa Fe. Der Bau wurde 1886 vollendet und ist in eine hübsche Gartenanlage eingebettet. Die römisch-katholische Gemeinde ist bereits seit 1626 hier beheimatet. Der Vorgängerbau wurde bei der Pueblo-Revolte 1680 zerstört.

■ 131 Cathedral Place, Tel. 505 982 56 19, www.cbsfa.org

6 San Miguel Chapel
| Kirche |

Mit einem zwischen 1610 und 1626 gelegenen Baudatum ist die kleine Kapelle das älteste Gotteshaus der USA. Sie wurde von Franziskanermönchen im Pueblo-Stil errichtet und 1680 während einer Revolte der Pueblo-Völker teils zerstört. Das heutige Gebäude stammt überwiegend von 1710. Tagsüber kann es besichtigt werden.

■ 401 Old Santa Fe Trail, Tel. 505 983 39 74, www.sanmiguelchapel.org

7 Canyon Road
| Straße |

Unter den vielen unamerikanischen Besonderheiten Santa Fes sticht diese besonders heraus: Die Canyon Road führt im Südosten aus der Stadt heraus. Wer den Fußweg auf sich nimmt, kann in acht Blocks rund 100 Galerien besuchen. Fast alle Künstler beschäftigen sich auf abstrakte, modernistische, naive oder kitschige Weise mit dem Südwesten. Gute Cafés (The Teahouse, 821 Canyon Rd, www.teahousesantafe.com) und Restaurants (Geronimo, 724 Canyon Rd, www.geronimorestaurant.com) säumen den Weg.

■ www.visitcanyonroad.com

8 Museum Hill
| Museumskomplex |

Zwei Kilometer außerhalb des Zentrums ermöglichen vier weitere Museen Einblicke in die (Kultur-)Landschaft New Mexicos: das Museum of Spanish Colonial Art (www.spanishcolonial.org), das Museum of Indian Arts & Culture (www.indianartsandculture.org), das Museum of International Folk Art (www.internationalfolkart.org) und das Wheelwright Museum of the American Indian (www.wheelwright.org).

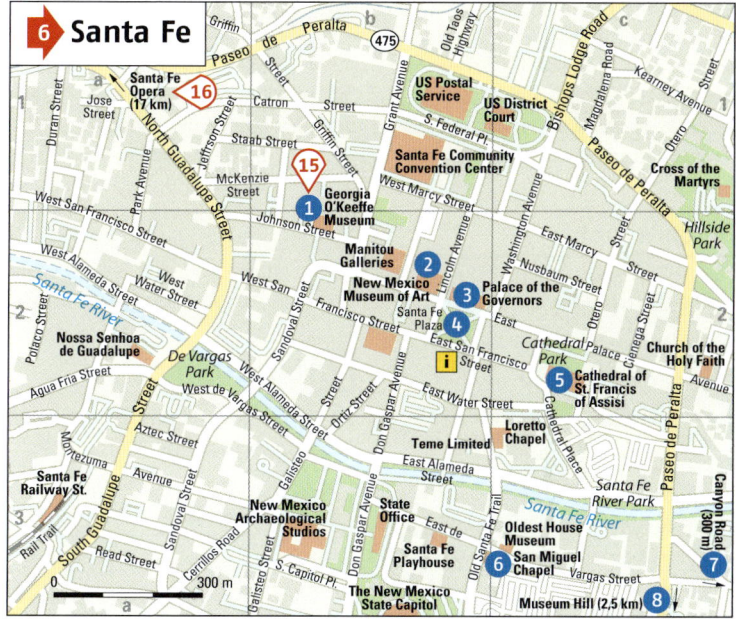

6 Santa Fe

Parken

Plätze an Parkuhren in Downtown kosten in den ersten beiden Stunden zwei Dollar, danach drei. Günstig ist das Parkhaus am Bahnhof. ■ Railyard Municipal Garage, 503 Camino de la Familia, max. 12 $/Tag, Plan S. 75 westl. von a3

Gefällt Ihnen das?

Wenn Sie ein Faible für Galerien und typisch amerikanische Kunst haben, sollten Sie den Arts District in Las Vegas besuchen (S. 23). Hier sind nostalgische Gegenstände aus der Glanzzeit Amerikas zu bewundern und natürlich auch zu kaufen. Das Gleiche gilt für die Läden in Old Town Scottsdale (S. 59), die Kunst indigener Völker anbieten.

Restaurants

€ | **Draft Station** Auch für den Pizzateig hat New Mexico einen eigenen Entwurf: Er ist blau und besteht aus Maismehl. Auf dem geräumigen Balkon des Lokals wird bei wunderbarer Aussicht auf die Plaza gutes Craft Beer ausgeschenkt. ■ 60 E San Francisco St, Tel. 505 983 64 43, www.draft-station.com, tgl. ab 12 Uhr, Plan S. 75 b2

€€ | **Second Street Brewery** Jede Stadt hat auch ihren Gegenentwurf. In Santa Fe beansprucht das Viertel Railyard diese Aufgabe für sich. In der Nähe des Bahnhofs serviert die Brauerei hausgemachtes Kölsch, Pils und IPA (India Pale Ale), dazu gibt es köstliche Burger. ■ 1607 Paseo De Peralta 10, Tel. 505 989 32 78, www.secondstreetbrewery.com, Mo–Do 11–23, Fr, Sa 11–24, So 11–22 Uhr, Plan S. 75 a3

€€€ | **Coyote Café** Raffinierte Kompositionen neumexikanischer Zutaten in entspannter Atmosphäre. Schön sitzt man auf der geräumigen Dachterrasse. ■ 132 W Water St, Tel. 505 983 16 15, www.coyotecafe.com, tgl. ab 17 Uhr, Plan S. 75 b2

Im Blickpunkt

Die Kunst in New Mexico

Georgia O'Keeffe (1887–1986), Ehefrau des Fotografen und Galeristen Alfred Stieglitz, hatte schon eine Karriere als avantgardistische Künstlerin in New York hinter sich, als sie sich in New Mexico niederließ. Anfang der 1930er-Jahre begann sie damit, die Landschaften und die Kultur der indigenen Völker auf semiabstrakte Weise zu interpretieren. Dabei wurden ihre Arbeiten rasch zu einem Plädoyer für eine eigenständige amerikanische Kultur, die sich nur noch wenig um die Präferenzen der europäischen Avantgarde scherte. Wer sich in den Galerien Santa Fes, New Mexicos und des gesamten Südwestens umschaut, erkennt allerorten O'Keeffes Motive, Kompositionen und Farbenlehre wieder. Ihr Einfluss hat sich so weit verbreitet, dass er heute fast ein wenig abgenutzt erscheint. Die Betrachtung der Originale und der Besuch der Landschaften, die Georgia O'Keeffe inspiriert haben, schärft den Blick für das Wesentliche. Die Künstlerin lebte in der Nähe des Pueblos von Abiquiu und im Sommer auf der Ghost Ranch (96 km nordwestl. von Sante Fe, www.ghostranch.org).

 Bühne

 Santa Fe Opera Die renommierte Kompagnie besitzt ein besonderes Privileg: Ihr Opernhaus ist eingebettet in die Landschaft New Mexicos. Obwohl Bühne und Zuschauerraum überdacht sind, herrscht das Gefühl einer Open-Air-Aufführung. ■ 301 Opera Dr, Tel. 505 986 59 00, www.santafeopera.org, Plan S. 75 nordwestl. von a1

26 Los Alamos

Der Ort hat das Schicksal der Menschheit verändert

i **Information**

■ Meeting & Visitor Bureau, 109 Central Park Square, Los Alamos, NM 87544, Tel. 505 662 81 05, www.visitlosalamos.org, Mo–Fr 9–17, Sa 9–16, So 10–15 Uhr

Auf mehr als 2200 m Höhe zwischen Berggipfeln und wildromantischen Schluchten gelegen, erfüllt Los Alamos für sich gesehen alle Voraussetzungen für einen schönen Ausflug. Fast alle Besucher aber lassen sich nicht von schnöden touristischen Argumenten verführen. Vielmehr wissen sie, dass hier die erste Atombombe entwickelt – und das Schicksal des Planeten in neue Bahnen gelenkt wurde.

 Sehenswert

Bradbury Science Museum
| Museum |

Die Labore in Los Alamos haben die Geschicke der Menschheit verändert. Das Museum klärt mithilfe von Filmen, Bildern, Texten und Exponaten über

ADAC *Wussten Sie schon?*

Das Manhattan Project

Mit Beginn des Zweiten Weltkriegs grassierte in den USA eine zunehmende Angst, dass Nazi-Deutschland eine Atombombe würde entwickeln können. Um dem Feind zuvorzukommen, wurde Robert Oppenheimer die Verantwortung für das »Manhattan Project« erteilt. Der Physiker entschied sich, die tödliche Bombe gemeinsam mit seinem bis zu 3000 Köpfe starken Team in den entfernten Höhenlagen New Mexicos zu entwickeln. Erst im Juni 1945 gelang ihm der Durchbruch. Die Deutschen waren seinerzeit bereits besiegt. Doch Präsident Harry Truman brachte die Waffe in Hiroshima und Nagasaki zum Einsatz. Kurz darauf kapitulierte Japan.

27 Taos

Adobe-Siedlung, Ski-Zentrum und leicht esoterischer Ferienort

 Information

■ Visitor Center, 1139 Paseo del Pueblo Sur, Taos, NM 87571, Tel. 575 758 38 73, www.taos.org, tgl. 9–17 Uhr

Taos ist eines der bekanntesten Dörfer des amerikanischen Kontinents. Schon vor 1000 Jahren haben hier indigene Völker in sogenannten Adobe-Bauten aus luftgetrockneten Lehmziegeln gelebt. Taos Pueblo ist damit die mutmaßlich am längsten kontinuierlich bewohnte Siedlung Nordamerikas. Ein paar Kilometer entfernt hat sich der um eine spanisch anmutende Plaza herumgebaute Ort zu einer jener Touristenattraktionen entwickelt, die

Statue von General Leslie R. Groves im Bradbury Science Museum

die Forschungsarbeiten auf, die letztlich zur Entstehung der Atombombe geführt haben. Benannt ist es nach Norris Bradbury, dem Nachfolger des federführenden Entwicklers Robert Oppenheimer.

■ 1350 Central Ave, Tel. 505 667 44 44, www.lanl.gov/museum, tgl. 10–17 Uhr (Mo, So ab 13 Uhr), Eintritt frei

Manhattan Project NHP at Los Alamos

| Gedenkstätte |

Der 2015 eröffnete Parcours führt zu diversen Orten in und um Los Alamos, die bei der Entwicklung der Atombombe eine Rolle gespielt haben. Flyer liegen auch im Bradbury Science Museum aus.

■ www.nps.gov/mapr

Amerikaner so sehr lieben: Galerien, Restaurants, ein paar autobefreite Zonen und das einem Nationalhelden gewidmete Museum gehören zu den Highlights.

Viel schöner als das von zu vielen Autos frequentierte Zentrum aber ist Taos Ski Valley: Die Skistation liegt auf fast 3000 m Höhe am oberen Ende eines dicht bewaldeten Tals, das von wilder Schönheit ist.

 Sehenswert

The Kit Carson Home & Museum
| Museum |

Die Erschließung des Westens der USA hat ruhmreiche Charaktere hervorgebracht. Dazu gehört auch der Trapper, Scout, Rancher, Indianeragent und Soldat Christopher Houston Carson (1809–1868), dessen Abenteuer lange nach seinem Tod auch von Hollywood aufgegriffen wurden. Das kleine Museum in Carsons ehemaligem Wohnhaus hält sich eher an die Fakten als an die vielfältigen Legenden.

ADAC *Spartipp*

Culture Pass

New Mexico ist reich an Geschichte und Kultur. Der Culture Pass erlaubt Zugang zu neun Museen des Bundesstaats und zu sieben historischen Stätten, die über den gesamten Staat verteilt sind. Der Pass kostet 30 Dollar pro Person und ist ein Jahr lang gültig. Das lohnt sich für alle, die mehr als nur den Palace of the Governors und das New Mexico Museum of Art besuchen möchten.
www.newmexicoculture.org

Gefällt Ihnen das?

Wenn Sie von den Pueblos in Taos beeindruckt sind, sollten Sie sich auf keinen Fall den Mesa Verde National Park (S. 98) entgehen lassen. Die Felsensiedlungen der indigenen Völker sind hier allerdings bereits seit 700 Jahren verlassen.

■ 113 Kit Carson Rd, Tel. 575 758 40 82, www.kitcarsonmuseum.org, tgl. 10–17.30 Uhr (Nov.–Apr. bis 16.30 Uhr), 7/5 $

Plaza
| Platz |

Der Grundriss von Taos trägt die Handschrift der spanischen Siedler, die den Ort im 17. Jahrhundert um eine mit schattenspendenden Bäumen bewachsene Plaza angelegt haben. Dieser Platz ist heute von Arkaden eingerahmt, in denen sich Fachgeschäfte für Kunsthandwerk, Cowboy-Bedarf und regionale Produkte niedergelassen haben.

Taos Pueblo
| Historische Siedlung |

17 *Seit 1000 Jahren bewohnte Siedlung des indigenen Volkes*

Die bis heute bewohnte Siedlung des indigenen Volkes der Taos ist rund 1000 Jahre alt und eine kulturhistorische Sensation. Das Dorf ist auf der einen Seite eine architektonische Ikone des Südwestens, das schon seit Generationen Künstler und Intellektuelle fasziniert: Das Dorf ist in der Adobe-Bauweise aus Lehmziegeln errichtet, wobei es bis zu sechs Stockwerke er-

Taos Pueblo ist bis zu fünf Stockwerke hoch und gehört zum Unesco-Welterbe

Im Blickpunkt

Die Pueblos in New Mexico

Insgesamt 19 Pueblo-Siedlungen existieren bis zum heutigen Tag in New Mexico. Am bekanntesten ist das von mehr als 1000 Menschen bewohnte Dorf nordöstlich von Taos. Die meisten Siedlungen befinden sich im Norden und in der Mitte des Bundesstaats, in einigen sind Besucher willkommen. Manche Pueblo-Stämme machen von dem Recht der indigenen Völker Gebrauch, Casinos zu betreiben. Diese befinden sich in sicherem Abstand zu den ehrwürdigen Behausungen.

reicht. Die gesamte Architektur mit Einstiegsluken, nur wenigen Fenstern und Wohneinheiten mit je zwei Räumen diente ursprünglich der Verteidigung. Bis heute leben hier mehr als 1000 Menschen. Gleichzeitig ist das Pueblo natürlich das vielleicht beeindruckendste Zeugnis dafür, dass dieser Kontinent lange vor den angloamerikanischen Siedlern von Hochkulturen bewohnt war. Die Anlage ist die einzige ihrer Art, die sowohl zum UNESCO-Weltkulturerbe gehört als auch den Status eines Nationaldenkmals der USA genießt. Sie steht Besuchern offen, die auch mit den Narben konfrontiert werden, die das Aufeinanderprallen der indigenen, spanischen und angloamerikanischen Kulturen verursacht hat.

■ 120 Veterans Highway (4 km nördl. von Taos), Tel. 575 758 10 28, www.taospueblo.com, tgl. 8–16.30 Uhr, 16 $ (Kinder unter 10 Eintritt frei)

 Restaurants

€ | The Alley Cantina Einfache, aber schmackhafte Auslegung der regionalen Küche mit einigen Tischen unter freiem Himmel. Das Gebäude gilt als das älteste des Ortes. Abends treten Musiker auf. 121 Teresina Lane, Tel. 575 758 21 21, www.alleycantina.com, Mo–Sa 11.30–1, So 11–24 Uhr

€€€ | Lambert's Haute Cuisine mit einigen regionalen Anklängen. ■ 123 Bent St, Tel. 575 758 10 09, www.lambertsoftaos.com, tgl. 11.30–21 Uhr

 In der Umgebung

Taos Ski Valley
| Skigebiet |
Taos liegt an den südl. Ausläufern der Sangre de Cristo Range, dem südlichsten Gebirgszug der Rocky Mountains. Als höchster Gipfel dominiert der 4011 m hohe Wheeler Peak die gesamte Region. Ein beeindruckend wildes Tal gewährt Zugang zu dieser herrlichen Welt aus dicht bewaldeten Bergrücken. Im Winter (Ende Nov.–Anfang April) lockt Taos Ski Valley Pulverschneefans, im Sommer kommen Wanderer und Mountainbiker in die hochalpine Wildnis.

■ 30 km nordwestl., www.skitaos.com

28 Las Vegas, NM

Hübsche, etwas verschlafene Kleinstadt mit großer Vergangenheit

i **Information**

■ Visitor Center, 500 Railroad Ave, Las Vegas, NM 87701, Tel. 505 425 37 07, www.visitlasvegasnm.com, Mo–Fr 8–17, Sa, So 10–14 Uhr

In der zweiten Hälfte des 19. Jh. war Las Vegas (14 500 Einw.), New Mexico, eine prosperierende Stadt. Es fuhr eine Straßenbahn, es gab eine Oper, ein College und das luxuriöse Castaneda Hotel. Glücksspiel und Prostitution waren allgegenwärtig. Ironischerweise sollte im 20. Jh. eine gleichnamige Stadt in Nevada diese Rolle übernehmen. Mit Las Vegas, New Mexico, ging es hingegen bergab. Zuletzt allerdings diente die Stadt dank seiner 900 denkmalgeschützten Häuser aus der Gründerzeit häufiger als Kulisse für Hollywood-Filme – unter anderem für »No Country for Old Men« von Ethan und Joel Coen.

Sehenswert ist die zentrale Plaza mit dem schönen Historic Plaza Hotel (S. 85), die mit dem Bahnhofsviertel in Konkurrenz steht. Mit der Renovierung des Castaneda Hotels aus dem Jahr 1898 soll hier der Glanz der alten Zeit wieder aufleben. Dahinter verbirgt sich keine unberechtigte Hoffnung, denn auch die New Mexico Highlands University hat mit 400 Studenten in Las Vegas wieder ihren Betrieb aufgenommen.

 Cafés

World Treasures Traveler's Cafe Ideal für einen Zwischenstopp während der Autofahrt von Denver nach Santa Fe: In dem geräumigen Backsteinhaus gibt es sehr guten Kaffee, leckere Sandwiches und eine angenehme Atmosphäre. ■ 1814 Plaza St, Tel. 505 426 86 38, Mo–Sa 7–19 Uhr

Das Historic Plaza Hotel wurde 1881 gebaut und galt als »Belle of the Southwest«

Aliens nebst UFO, »ausgestellt« im International UFO Museum and Research Center

29 Roswell

Der vermeintliche Absturz eines UFOs hat die Stadt berühmt gemacht

 Information

■ Visitor Center, 426 N Main St, Roswell, NM 88201, Tel. 575 623 34 42, www. roswell-nm.gov, Mo, So 10–15, Di–Fr 9–17, Sa 9–16 Uhr

Der Glaube an Geister und Außerirdische ist in der US-Kultur weitverbreitet. Häufig handelt es sich dabei um Koketterie. Ein Beispiel für den Ernst der Sache ist der sogenannte Roswell Incident: 1947 hatte die örtliche Presse berichtet, Soldaten hätten die Überreste eines UFOs gefunden. Auf Basis dieses Artikels erschien 1980 ein Buch, das dem Vorfall neues Leben einhauchte. Erst in den 1990ern wurde aufgedeckt, dass es sich bei den Wrackteilen um die Reste eines Messballons handelte. Dem Ruf Roswells hat das nicht geschadet: Die Stadt ist zu einer Pilgerstätte für UFO-Gläubige geworden.

 Sehenswert

International UFO Museum and Research Center
| Museum |

(18) *Bizarre Sammlung über UFOs und verwandte Legenden*

Von Augenzeugenberichten bis zu wissenschaftlichen Untersuchungen bereitet das Haus die Erfahrungen mit außerirdischem Leben akribisch auf. Bei der Aufklärungsarbeit hat das Haus eine weltweit führende Rolle.
■ 114 N Main St, Tel. 575 625 94 95, www. roswellufomuseum.com, tgl. 9–17 Uhr, 5/2 $

 Events

UFO Festival Skurriles Fest zu Ehren von Aliens und anderen Sonderlingen im Juli. ■ www.ufofestivalroswell.com

30 White Sands National Monument

Weite Dünenlandschaft im größten Gipsfeld der Welt

 Information

■ Visitor Center, 19955 Highway 70 West, Alamogordo, NM 88310, Tel. 575 479 61 24, www.nps.gov/whsa, tgl. 8–21 Uhr (im Winter kürzer), Park durchgehend geöffnet, 5 $

Etwas abgelegen im Südwesten New Mexicos gibt die Natur eine weitere Kostprobe ihres kreativen Potenzials: Rund 80 Kilometer nordöstl. der Stadt Las Cruces hat sie das größte Gipsfeld der Welt geschaffen, das sich auf einer Fläche von 710 Quadratkilometern ausbreitet. Das Mineral bildete vor Millionen Jahren den Grund eines Sees, ehe es sich zu Dünen mit einer maximalen Höhe von 18 m aufgetürmt hat. Vor allem in der Dämmerung ist die Landschaft außerordentlich fotogen, zumal neben Gräsern vereinzelt auch Seifen-Palmlilien aus dem Gips hervorragen.

31 Albuquerque

Die größte Stadt New Mexicos ist chronisch unterschätzt

 Information

■ Visitor Information Center, 303 Romero St, Albuquerque, NM 87104, www. visitalbuquerque.org, tgl. 10–17 Uhr

Eine der ältesten Städte der USA. Etappenziel der »Mother Road«. Multikultureller Ballungsraum am Rand eines allgegenwärtigen Gebirgszugs. Und Schauplatz der vielleicht besten Fernsehserie aller Zeiten. Trotz all dieser Vorzüge führt Albuquerque (560 000 Einwohner) vor allem bei Europäern nach wie vor ein Schattendasein – zu Unrecht.

 Sehenswert

Old Town
| Stadtviertel |

Schon 1706 haben spanische Siedler die heutige Stadt gegründet. Eine baumbewachsene Plaza erinnert bis heute auf angenehme Weise an diese Wurzeln. Auch die angrenzenden Blocks mit ihren bunten Patios strahlen eine gewisse historische Würde aus. In den Gebäuden haben sich Galerien, Souvenirläden und ein paar Restaurants niedergelassen. Das ist für

Yucca-Palme inmitten der Dünen im White Sands National Monument

Touristen interessant, die Einheimischen aber fühlen sich leider kaum inspiriert, ihre Zeit hier zu verbringen.
■ SW Central Ave und NW Rio Grande Blvd, www.albuquerqueoldtown.com

Downtown
| Stadtviertel |
Die Innenstadt wurde lange von der historischen Route 66 geprägt. Zwischen den Bürohochhäusern sind entlang der Central Avenue bis heute einige Klassiker wie das Kimo Theatre (423 NW Central Ave, www.kimotickets.com) erhalten geblieben. Das Tourismusbüro hilft Fans mit einer Liste aller Highlights auf die Sprünge.
■ www.visitalbuquerque.org

Im Blickpunkt

»Breaking Bad«

Albuquerque ist dem Rest der Welt lange allenfalls wegen seines langen Namens aufgefallen. 2008 aber wurden die ersten Folgen von »Breaking Bad« ausgestrahlt. Der Aufstieg des krebskranken Chemielehrers Walter White (Bryan Cranston) sollte Serienfreaks in aller Welt sechs Jahre und sieben Staffeln in Atem halten. Plötzlich waren die Wüstenstadt und ihre schroff-schöne Umgebung in aller Munde. Fans können Originalschauplätze im Rahmen einer Tour erkunden (www.breakingbadrvtours.com) – standesgemäß in einem umgebauten Wohnmobil. Wer lieber individuell unterwegs ist, findet die Schauplätze auf einer interaktiven Karte des Tourismusbüros.

Nob Hill
| Stadtviertel |
Die alten Neonlichter der Route 66 und ein Sinn für Gegenkultur prägen das Gesicht des Stadtteils. Kleine Läden, Lokale mit betont gesundem Essen, Galerien und Bars zementieren das Image eines alternativen und angesagten Viertels. Im Hintergrund erheben sich die Sandia Mountains.
■ 6 km östl. von Old Town, www.nobhillmainstreet.org

New Mexico Museum of Natural History and Science
| Museum |
Auf den ersten Blick mag das 1986 eröffnete Naturkundemuseum ein klein wenig angestaubt wirken. Dieser Eindruck aber verwandelt sich schnell in Ehrfurcht, wenn die Dinosaurierskelette ins Blickfeld geraten. Fossilien und Knochen sorgen ebenfalls für Erstaunen. Ein weiterer Ausstellungsbereich ist der Astronomie und der Weltraumerforschung gewidmet.
■ 1801 Mountain Rd NW, Tel. 505 841 28 00, www.nmnaturalhistory.org, tgl. 10–17 Uhr, 8/5 $

🚌 Verkehrsmittel

Eine Seilbahn führt hinauf zu den Gipfeln der Sandia Mountains. ■ Sommer 9–21 Uhr (im Winter kürzer), 25/15 $, www.sandiapeak.com

Restaurants

€ | Diner 66 Burger und Milkshakes in einem stromlinienförmigen Gebäude machen das Lokal zu einem Klassiker.
■ 1405 Central Ave NE, Tel. 505 247 14 21, www.66diner.com, Mo–Do 11–22, Fr 11–23, Sa 8–23, So 8–20 Uhr

Übernachten

Santa Fe, Albuquerque und Taos ziehen die meiste Aufmerksamkeit auf sich. Hier können Besucher aus einer breiten Palette von Quartieren auswählen. Im fußgängerfreundlichen Santa Fe lohnt es sich, ein Domizil in der Nähe zu buchen. Wer in Albuquerque das Auto stehen lassen möchte, logiert am besten in Downtown.

Santa Fe 72

€€ | **Eldorado Hotel & Spa** Die Pueblo-Architektur funktioniert auch bei einem größeren Gebäudekomplex. Den Beweis tritt dieses mit schöner Lobby und freundlichem Personal ausgestattete Haus an. Die geschmackvoll eingerichteten Zimmer haben Balkon und Kamin. ◼ 309 W San Francisco St, Santa Fe, NM 87501, Tel. 505 988 44 55, www.eldoradohotel.com

€€€ | **La Fonda on the Plaza** Nicht ohne Stolz verweist das Haus auf die Tatsache, dass es sich an jener Stelle befindet, wo im Jahr 1607 das erste Gasthaus der Stadt betrieben wurde. Heute nimmt es fast einen ganzen Block am Rand der Plaza ein, wo es mit stimmungsvollem Ambiente begeistert. ◼ 100 E San Francisco St, Santa Fe, NM 87501, Tel. 505 982 55 11, www.lafondasantafe.com

Taos 77

€€ | **Austing Haus** Berghotel in der Nähe des Skigebiets mit alpinen Anklängen. So stellen sich Amerikaner Bayern vor. ◼ 1282 State Highway 150, Taos Ski Valley, NM 87525, Tel. 575 776 87 51, www.theaustinghaus.com

€€ | **The Mabel Dodge Luhan House** Das ehemalige Wohnhaus der Schriftstellerin blickt auf eine reiche Vergangenheit zurück: D.H. Lawrence, Georgia O'Keeffe und Ansel Adams gingen hier ein und aus. Entsprechend gestaltet sich auch das Publikum des B & B. ◼ 240 Morada Lane, Taos, NM 87571, Tel. 575 751 96 86, www.mabeldodgeluhan.com

Las Vegas, NM 80

€ | **Historic Plaza Hotel** Schöner Backsteinbau mit viktorianischer Fassade aus den wilden Zeiten der Stadt an der zentralen Plaza. Auch die Zimmer mit ihren hohen Decken und der Saloon erinnern an vergangenen Glanz. ◼ 230 Plaza, Las Vegas, NM 87701, Tel. 505 425 35 91, www.plazahotellvnm.com

Albuquerque 83

€€ | **Hotel Albuquerque at Old Town** Ein seltenes Kunststück: Von außen sieht der Zweckbau wenig einladend aus. Doch die Lobby und das Restaurant sind stimmungsvoll neumexikanisch eingerichtet. ◼ 800 Rio Grande Blvd, Albuquerque, NM 87104, Tel. 505 843 63 00, www.hotelabq.com

€€–€€€ | **Hotel Andaluz** Das historische Haus von 1935 erfreut nach einer Renovierung mit modernem Interieur und Südwest-Touch. ◼ 125 2nd St NW, Albuquerque, NM 87102, Tel. 505 388 00 88, www.hotelandaluz.com

Denver und Colorado

Die Rocky Mountains, eine pulsierende Stadt und viel Cowboy-Kultur machen den unterschätzten Staat attraktiv

Wer im Anflug nach Denver die Gipfel der Rocky Mountains erblickt, möchte unverzüglich in das Gebirge aufbrechen. Das aber wäre voreilig, denn die Hauptstadt Colorados hat sich zu einer der lebendigsten Metropolen der USA entwickelt. Kultur, Shopping und die kulinarische Szene sind von internationalem Niveau. Ganz in der Nähe lockt mit Colorado Springs eine weitere aufstrebende Stadt, die ganz im Zeichen von Pikes Peak steht – einem von 58 Bergen, die in Colorado die magische Grenze von 14 000 Fuß (4267 m) übersteigen. Weiter westlich bauen sich die Dünen des Great Sand Dunes National Park auf, ehe in Mesa Verde die Kultur der Pueblos auf sich aufmerksam macht. So wird ein Besuch zu einem beeindruckenden Erlebnis, das noch dazu das gesamte Jahr über attraktiv ist: Sollte die Witterung den Besuch der Nationalparks nicht gestatten, bleiben immer noch die Ski-Resorts – und die erreichen bekanntlich Weltklasseniveau.

In diesem Kapitel:

ADAC Top Tipps:

 7 Denver
| Stadt |

Zu Füßen der Rocky Mountains gelegen, hat sich »The Mile High«, wie der Spitzname von Denver lautet, dank Street Art, 159 Brauereien und 300 Sonnentagen zu einer der coolsten Städte der USA entwickelt. 88

8 Rocky Mountain National Park
| Nationalpark |

Mit ihren majestätischen, schneebedeckten Gipfeln, den auch in gro-

 ßen Höhen gedeihenden Nadelwäldern und der vielfältigen Tierwelt sind die Rocky Mountains ein Gebirge, an dem man sich nicht satt sehen kann. Eine Panoramastraße führt durch den Park. 101

ADAC Empfehlungen:

32 Denver

Beliebtes Einfallstor zum Südwesten im Schatten der Rockies

Downtown Denver, im Vordergrund der Stadtpark mit See und Bootshaus

ℹ Information

■ Tourist Information Center Downtown, 1575 California St, Denver, CO 80202, Tel. 303 892 15 05, www.denver.org, Mo–Fr 9–17.30, So 9–14 Uhr (im Winter kürzer)

 Quirlige Metropole am Fuß der Rocky Mountains

Denver liegt zu Füßen der Rocky Mountains auf 1600 m Höhe. Die Bewohner der Stadt freuen sich über mehr als 300 Sonnentage pro Jahr. Sollte es doch mal regnen, locken spannende Museen. Vielleicht auch deswegen gehört »The Mile High« (so der Spitzname) zu den am schnellsten wachsenden Städten des Landes. Denver ist jung, kosmopolitisch und genussfreudig: Allein über 150 Brauereien sorgen für Abwechslung. Kulinarisch begeistern sich die Bewohner für das Farm-to-Table-Konzept, das auf frische Bio-Produkte aus der Region setzt. Besonders stolz ist Denver auf seine lebendigen Stadtviertel, die gut zu Fuß oder mit dem Fahrrad erreichbar sind. Nicht zuletzt aufgrund der täglichen Linienflüge aus Deutschland ist Denver somit das perfekte Einfallstor für eine Reise durch den Südwesten – und für ein langes Wochenende am Anfang oder Ende des Trips.

Plan
S.90

● Sehenswert

❶ Union Station
| Bauwerk |

19 *Altehrwürdiger Bahnhof mit Bars und Restaurants*

Der im Jahr 1881 eröffnete Bahnhof erinnert an das Zeitalter, als Bahnfahren glamourös war. 2012 wurde er nach aufwendiger Renovierung wiedereröffnet – inklusive Restaurants im prächtigen Kuppelsaal. So ist die Union Station wieder zu einem Treffpunkt für die Massen geworden. Weil draußen die Züge verkehren, sind die nostalgischen Gefühle nur teilweise angebracht.

 1701 Wynkoop St, Tel. 303 592 67 12, www.unionstationindenver.com

❷ Larimer Square
| Straßenblock |

Der älteste und geschichtsträchtigste Straßenblock Denvers ist heute die Heimat von Restaurants und Bars mit vielen Patios, wo man gemütlich draußen sitzen kann.

■ www.larimersquare.com

❸ 16th Street Mall
| Einkaufsstraße |

Die Fußgängerzone zieht sich über zwei Kilometer durch die City. Kostenlose Hybrid-Busse bringen lauffaule Kunden von einem Ende zum anderen. Die Straße wird von einigen schönen Backsteinbauten aus der Gründerzeit flankiert, das Einkaufserlebnis hält sich aber in Grenzen.

■ www.16thstreetmalldenver.com

Downtown

Vitale City mit coolen Museen und toller Gastroszene

Denvers Innenstadt hat dank der vielen Läden, Bars und Restaurants eine hohe Aufenthaltsqualität. Aufgrund des recht zersiedelten Gesamtbilds ist Downtown nicht im klassischen Sinne schön, Freunde gründerzeitlicher Architektur sollten sich aber unbedingt das Denver Gas & Electric Building (910 15th St) ansehen, das nach den Bauten des Wolkenkratzerpioniers Louis Sullivan modelliert ist. Die Blocks in der Nähe der Union Station werden auch LoDo für Lower Downtown genannt.

④ Kirkland Museum of Fine & Decorative Art

| Museum |

Vance Kirkland (1904–1981) gehört zu den einflussreichsten Malern, die Colorado hervorgebracht hat. Vom Realismus bis zu einem eigenständigen Pointillismus hat der Künstler fünf unterschiedliche Schaffensphasen durchlebt. Der 2018 eröffnete Neubau beherbergt neben Kunstwerken von Kirkland auch eine vielleicht noch sehenswertere Sammlung internationaler Möbel und Designobjekte, die anschaulich nach Epochen sortiert sind. Geheimtipp unter Denvers Museen.

■ 1201 Bannock St, Tel. 303 832 85 76, www.kirklandmuseum.org, Di–Sa 11–17, So 12–17 Uhr, 10 $ (Kinder unter 18 Eintritt frei)

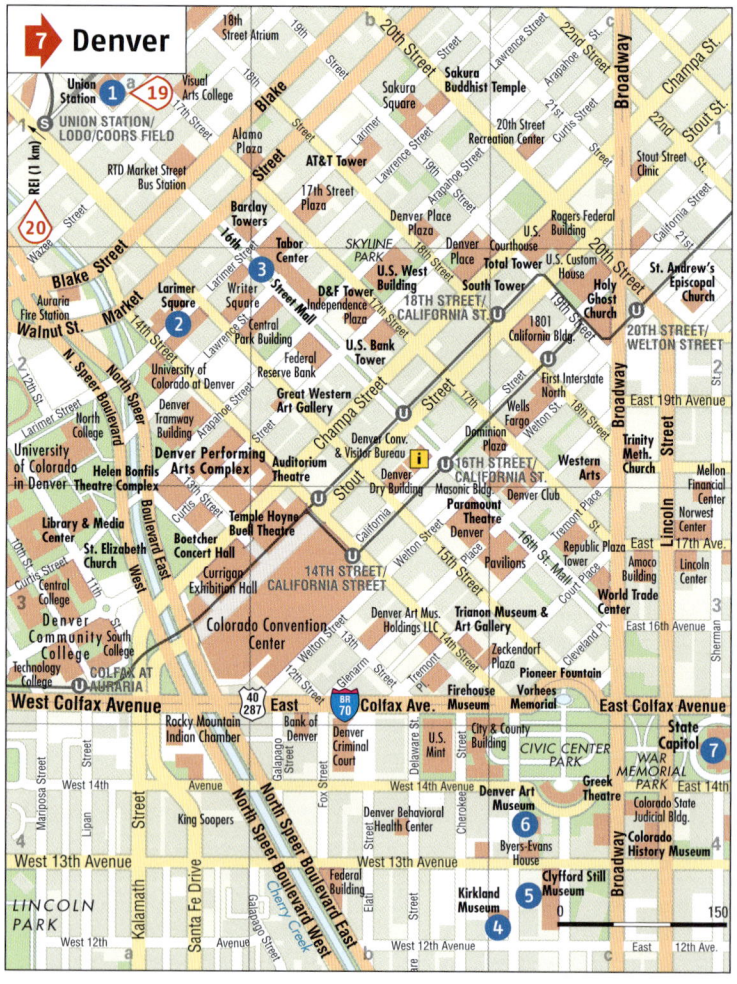

Clyfford Still Museum

| Museum |

Mit Mark Rothko und Jackson Pollock hat Clyfford Still (1904–1980) den Stil des Abstrakten Expressionismus geprägt. Der Künstler hat verfügt, dass die in seinem Besitz befindlichen Werke nur an einem Ort gezeigt werden dürfen. Denver hat ihm den Wunsch mit einem kongenialen Bau erfüllt.

▨ 1250 Bannock St, Tel. 720 354 48 80, www.clyffordstillmuseum.org, Di–So 10–17 Uhr (Fr bis 20 Uhr), 10 $ (Kinder unter 18 Eintritt frei)

 Denver Art Museum

| Museum |

Mit seinem Erweiterungsbau hat Daniel Libeskind dem Denver Art Museum eine Welle der Aufmerksamkeit beschert. Schwerpunkt der Sammlung ist die Kunst der indigenen Völker Amerikas, die weiter im Stammhaus zu sehen ist. Libeskinds Entwurf dient überwiegend Wechselausstellungen mit modernen Akzenten. Dafür sind die skulpturale Form und die Titanfassade des Hauses eine passende Hülle.

▨ 100 W 14th Ave Pkwy, Tel. 720 865 50 00, www.denverartmuseum.org, tgl. 10–17 Uhr (Fr bis 20 Uhr), 13 $ (Kinder unter 18 Eintritt frei)

 Verkehrsmittel

Auf der 16th Street Mall verkehrt ein kostenloser Elektro-Shuttlebus. ▨ tgl. 5–1 Uhr, www.rtd-denver.com

 Restaurants

€ | **Milk Market** Der Starkoch Frank Bonnano hat die schöne Markthalle in einer ehemaligen Molkerei konzipiert und damit einen ziemlichen Hype entfacht. An 16 Stationen gibt es gehobene Leckereien. ▨ 1800 Wazee St, Tel. 303 792 82 42, www.denvermilkmarket. com, tgl. 11–21 Uhr, Plan S. 90 b1

€ | **Wynkoop Brewery** Ende der 1980er war die City fast tot. Mit der Eröffnung der Brauerei begann ihre Revitalisierung. ▨ 1634 18th St, Tel. 303 297 27 00, www.wynkoop.com, So–Do 11–24, Fr, Sa 11–2 Uhr, Plan S. 90 a1

€€ | **Urban Farmer** Modernes Konzept in historischem Gebäude. Damit trifft das Steakhaus den Geschmack der Anhänger der Farm-to-Table-Bewegung. ▨ 1659 Wazee St, Tel. 303 262 60 70, www. urbanfarmerdenver.com, Mo–Do 7–22, Fr, Sa 8–23, So 8–22 Uhr, Plan S. 90 a1

€€–€€€ | **Tag** Kreative Tapas oder mit Schweinebauch gefüllte Buns (Teigtaschen) in urbanem Chic. Der Barmann sorgt für ungewöhnliche Cocktails. ▨ 1441 Larimer St, Tel. 303 996 99 85, www.tag-restaurant.com, Mo–Do 11.30–22, Fr 11.30–23, Sa 17–23, So 17–21 Uhr, Plan S. 90 a2

 Einkaufen

 REI Der Flagship Store des Universalausrüsters für Freizeitaktivitäten ist eine Sehenswürdigkeit für sich, denn er befindet sich in einem ehemaligen Straßenbahndepot. Zum Inventar gehört auch eine Kletterwand. ▨ 1416 Platte St, Tel. 303 756 31 00, www.rei.com, Mo–Sa 9–21, So 9–19 Uhr, Plan S. 90 a1

Rockmount Ranch Wear In einem ehrwürdigen Backsteinbau bietet dieser einzigartige Laden seit drei Generationen vom Stiefel bis zum Hut Cowboy-Bedarf jeder Art. ▨ 1626 Wazee St, Tel. 303 627 77 77, www.rockmount. com, Mo–Fr 8–18, Sa 10–18, So 11–16 Uhr, Plan S. 90 a1

Capitol Hill

*Alternativ angehauchtes Viertel
im Schatten des Kapitols*

Die goldene Kuppel des Kapitols überragt das hügelige Viertel. Dahinter entfaltet sich ein abwechslungsreiches Viertel, dessen Hauptschlagader die 13th Avenue ist. Hier ist die Subkultur zu Hause, die mit den großen Konzernen des Landes wenig am Hut hat.

 Sehenswert

7 **Colorado State Capitol**
| Bauwerk |
Der klassizistische Bau von 1894 ist mit seiner 55 m hohen Kuppel weithin sichtbar. Sie wurde 1908 im Gedenken

ADAC *Mobil*

Sie wundern sich, warum in urbanen Gegenden am Straßenrand Limousinen parken, die finanzielle Transaktionen mit Fahrgästen zu machen scheinen? Nun, Vorgänge dieser Art gehen in der Regel auf Uber zurück. Der in Deutschland nur eingeschränkt zugelassene Dienst ist in den USA weitverbreitet – und wer sich einmal darauf eingelassen hat, entdeckt schnell die Vorteile: Nach dem Herunterladen einer App können in der Nähe befindliche Wagen für eine Fahrt zu einem beliebigen Ort herbeigeordert werden. Preislich bewegt sich der mit Privatiers operierende Dienst deutlich unter dem Taxi-Niveau, dafür gibt es nicht selten kühles Wasser und gelegentlich sogar einen Snack an Bord. *www.uber.com*

an den Colorado-Goldrausch nachträglich vergoldet. Die imposante Innenseite ist mit rosafarbenem Marmor aus Colorado ausgekleidet.

◼ 200 E Colfax Ave, Tel. 303 866 26 04, www.colorado.gov/capitol, Mo–Fr 7.30–17 Uhr, kostenlose Touren 10–15 Uhr

 Restaurants

€€ | Coperta Gute amerikanische Interpretation der italienischen Küche. Toll: der hausgemachte Mozzarella. ◼ 400 E 20th Ave, Tel. 720 749 46 66, www.coperta denver.com, Mo–Do 12–21, Fr 12–22, Sa 16–22, So 16–21 Uhr, Plan S. 90 c2

€€–€€€ | Beast + Bottle Neuamerikanische Küche mit viel Sinn für Ästhetik und ausgewiesenen Erzeugern. Wer mag, bestellt pro Tisch eine Handvoll kleinerer Gerichte zum Teilen. ◼ 719 E 17th Ave, Tel. 303 623 32 23, www.beast andbottle.com, tgl. ab 17, Sa, So auch 10–14 Uhr, Plan S. 90 östl. von c3

 Einkaufen

Wax Trax Records Manchmal genügt ein einziger Satz: der beste Plattenladen zwischen Chicago und San Francisco. ◼ 638 E 13th Ave, Tel. 303 860 01 27, www.waxtraxrecords.com, Mo–Do 11–19, Fr, Sa 10–20, So 11–18 Uhr, Plan S. 90 östl. von c4

RiNo (River North)

*Angesagte Gegend mit Street Art
und Brauereien*

Nordöstlich von Downtown, in der Walnut und Larimer Street zwischen Broadway und 30th Street, schlägt in RiNo das Herz des jungen Denver. In die Lagerhallen sind Brauereien, Lokale und Destillen eingezogen, fast jede

Das klassizistische Colorado State Capitol von 1894 mit seiner goldenen Kuppel

Hauswand wird von Street Art geziert. Überall ist ausreichend Platz zum Essen und Trinken unter freiem Himmel (www.rinoartdistrict.org).

 Restaurants

€ | Denver Central Market Wunderbare Halle mit diversen originellen Restaurants, Bars und Läden in entspannter Atmosphäre.■ 2669 Larimer St, www.denvercentralmarket.com, tgl. 8–21, Fr, Sa bis 22 Uhr, Plan S. 90 nördl. von c1

Cherry Creek

*Ergiebiges Einkaufsviertel für
den gehobenen Geschmack*

Das Viertel fungiert als Denvers stadtnahes Einkaufszentrum. Über den Cherry Creek Bike Path ist es bequem mit dem Leihfahrrad erreichbar. Nördlich des Cherry Creek Shopping Centers flankieren Läden die Straßenzüge unter freiem Himmel – wie im alten Europa. Und darüber hinaus lockt das Stadtviertel (www.cherrycreeknorth.com) auch noch mit vielen Restaurants und Kunstgalerien.

 Einkaufen

Cherry Creek Shopping Center Großes Einkaufszentrum mit über 160 Läden, die alle Bedürfnisse abdecken, etlichen Cafés und Restaurants sowie angegliederten Einkaufsstraßen. Ungewöhnlich: Die Mall befindet sich nur vier Kilometer südwestl. des Stadtkerns.■ 3000 E 1st Ave, Tel. 303 388 39 00, www.shopcherrycreek.com, Mo–Sa 10–21, So 11–18 Uhr, Plan S. 90 nordöstl. von c4

ADAC *Mobil*

 Konzerte

Red Rocks Amphitheatre Eine der schönsten Bühnen der Welt liegt mitten in einer dramatischen Felsenlandschaft. Schon die Beatles sind hier aufgetreten. Gelegentlich dient die Arena auch als Open-Air-Kino. ■ 18300 W Alameda Pkwy, Morrison, CO 80465, Tel. 720 865 24 94, www.redrocksonline.com, Plan S.90 südwestl. von a4

33 Colorado Springs

Die zweitgrößte Stadt Colorados liegt direkt zu Füßen der Rocky Mountains

 Information

■ Visitor Center, 515 S Cascade Ave, Colorado Springs, CO 80903, Tel. 719 635 75 06, www.visitcos.com, Mo–Fr 8.30–17, Sa, So 9–17.30 Uhr (Winter nur Mo–Fr)

Direkt an den östlichen Ausläufern der Rocky Mountains gelegen, sollte Colorado Springs Ende des 19. Jh. zum ersten Urlaubsort des Bundesstaats werden. Diesem Anspruch wird die Stadt bis heute gerecht: Der 4302 m hohe Pikes Peak ist der am zweitmeisten besuchte Berg der Welt. Das Broadmoor gilt zu Recht als eines der besten Hotels des Landes. Auch der Garden of the Gods und die Vororte Manitou Springs und Old Colorado City stehen bei jedem Besucher oben auf der Liste jener Orte, die man gesehen haben muss. Aufgrund seiner hohen Lebensqualität wächst Colorado Springs rasant – mittlerweile zählt die Stadt fast eine halbe Million Einwohner. Die liberale Coolness hat derweil noch nicht den Sprung von Denver hinübergeschafft: Colorado Springs ist Sitz von fünf Luftwaffenstützpunkten und gilt als Hochburg der evangelikalen Bewegung. Und für die Innenstadt muss niemand sein Zeitbudget freimachen.

 Sehenswert

Garden of the Gods
| Naturpark |

Mit schroffen Gesteinsformationen und einzelnen Felsnadeln gehörte der 520 Hektar große Park zu den ersten Touristenmagneten der Region. Je nach Lichteinfall schimmert das Gesamtensemble in unterschiedlichen Rottönen, was vor der Kulisse schneebedeckter Berge ein farbenfrohes Bild ergibt. Angeblich geht der spanische Name des Bundesstaats auf den Garten der Götter zurück. Colorado bedeutet farbig oder bunt.

■ 1805 N 30th St, Tel. 719 634 66 66, www.gardenofgods.com, tgl. 8–19 Uhr (Winter bis 17 Uhr), Eintritt frei

Manitou Springs
| Stadtviertel |

Gleich acht Mineralwasserquellen machen Manitou Springs zu dem, was in Europa als Heilbad firmieren würde. Von der Bergluft auf fast 2000 m Höhe ganz zu schweigen. Noch mehr profitiert der Ort aber davon, Ausgangsbasis für die Besteigung des Pikes Peak zu sein. Läden, Cafés und Restaurants geben dem einen angenehmen Rahmen. In der Saison wird es so voll, dass Besucher am besten vor dem Ort parken und einen kostenlosen Shuttlebus nehmen. Sehenswert sind die bis zu 1000 Jahre alten Felsenbehausungen der Anasazi (www.cliffdwellingsmuseum.com), auch weil sie Anfang des 20. Jh. von einem anderen Ort hierher verlagert wurden.

Old Colorado Springs
| Stadtviertel |

1859 gegründet, übernimmt der Ort heute die üblichen touristischen Funktionen einer amerikanischen Stadt: Cafés, Läden, Souvenirs und Restaurants in Gebäuden, die teils alt und teils auf alt getrimmt sind.

■ 5 km westl. von Colorado Springs, www.shopoldcoloradocity.com

Pikes Peak
| Panoramastraße |

 Spektakuläre Autostraße in luftige Höhen

Ein Erlebnis, das es in dieser Form in Europa nicht gibt: Von Colorado Springs (1840 m) führt eine Straße auf den 4302 m hohen Berg. Die Straße wurde 1915 mit dem Geld von Spencer Penrose errichtet, der auch das Broadmoor finanziert hat. Der eigentliche Peaks Pike Highway nimmt in Cascade seinen Lauf und ist 31 Kilometer lang.

Los geht es in Mischwäldern mit Kiefern und Birken. Bald werden diese von zauberhaft schönen Grannenkiefern abgelöst, ehe sich langsam eine Steinwüste breitmacht. Die Straße ist relativ leicht befahrbar und wann immer möglich auch im Winter geöffnet. Oben wartet eine Bergstation, wo es zur Pflicht gehört, einen vor Ort gebackenen Donut zu konsumieren. Der Ausblick auch von den vielen Parkbuchten ist überwältigend. Höhenkrankheit ist nicht auszuschließen. In diesem Fall hilft neben der Umkehr allenfalls das Trinken größerer Wassermengen.

■ Cascade, 17 km nordwestl., www.pikespeak.us.com, tgl. 7.30–18 Uhr (Winter 9–15 Uhr), 15 $ pro Person bis max. 50 $ pro Fahrzeug (Winter 10/35 $)

Bizarre Gesteinsformation im Garden of the Gods bei Colorado Springs

Restaurants

€ | Trail's End Taproom In dieser Brauerei zapft der Kunde sein Bier selbst, abgerechnet wird pro Flüssig-Unze. Dazu gibt's Pizza. ■ 3103 W Colorado Ave, www.trailsendtaproom.com, Mo–Do 15–22, Fr, Sa, 11–23, So 12–20 Uhr

€€€ | The Summit Neuamerikanische Küche mit vielen Zutaten aus Colorado. ■ 1 Lake Ave, Tel. 719 577 57 33, www.broadmoor.com, Di–So 17–21.30 Uhr

34 Great Sand Dunes National Park

Wüstenähnliche Dünenlandschaft vor majestätischer Kulisse

 Information

■ Visitor Center, 11999 State Highway 150, Mosca, CO 81146, Tel. 719 378 63 95, www.nps.gov/grsa, tgl. 8.30–17 Uhr (im Winter kürzer), Park durchgehend geöffnet, 20 $ pro Fahrzeug

Der Südwesten der USA kann sehr windig sein. So ist es auch zu erklären, dass zwischen zwei Gebirgszügen der Rocky Mountains die höchsten Dünen Nordamerikas herangewachsen sind. Seit etwa 12 000 Jahren speisen Sandablagerungen aus dem Rio Grande das Wachstum des erstaunlichen Gebildes, das an seiner höchsten Stelle fast 230 m aus der Ebene hervorragt. Seine ganze Kraft entfaltet der Anblick der Dünen aber erst vor den schneebedeckten Gipfeln der Sangre de Cristo Range. Wer früh aufsteht, kann mit etwas Glück außerhalb der Sommermonate in den angefrorenen Bachläufen die Tatzenabdrücke von Bären oder Berglöwen entdecken. Die Dünen sind ein herrliches Wanderrevier, doch es versteht sich von selbst, dass dieses außergewöhnliche Terrain eine gute Vorbereitung und die Mitnahme von reichlich Wasser erfordert. Auch Sandboarding, Reiten und Radabfahrten (»fat tiring«) gehören zu den Aktivitäten.

Sanddünen im Grand Sand Dunes National Park im Abendlicht

Gefällt Ihnen das?

Sie mögen Dünen und Wüstenlandschaften? In diesem Fall sollten Sie einen Trip zum **White Sands National Monument** (S. 83) in Erwägung ziehen. Die Dünen sind ähnlich beeindruckend – nur der Sand ist weiß wie Schnee. Auch am Loneliest Highway türmt sich mit dem **Sand Mountain** (S. 33) eine Riesendüne auf.

Erlebnisse

Eine einzigartige Erfahrung ist eine Nachtwanderung in den Great Sand Dunes. Das gilt sowohl für die helle Variante bei Vollmond als auch für den ungehinderten Blick auf den Sternenhimmel bei Neumond. Von Mai bis Oktober bieten die Parkranger an vielen Abenden kostenlose Aktivitäten an. ■ www.nps.gov/grsa

35 Pagosa Springs

Kleinstadt mit heißen Quellen zum Entspannen

i Information

■ Visitor Center, 105 Hot Springs Blvd, Pagosa Springs, CO 81147, Tel. 970 585 12 00, www.visitpagosasprings.com, Mo–Fr 9–17, Sa, So 9–16 Uhr

Ein bisschen Abwechslung gefällig zwischen den Pueblos von Mesa Verde, den Gebirgsketten und dem Great Sand Dunes National Park? Kein Problem! Pagosa Springs beherbergt eines der schönsten Thermalbäder der Vereinigten Staaten.

Sehenswert

The Springs Resort & Spa
| Thermalbad |

 Thermalbad mit heißen Quellen und kaltem Fluss

23 kleine und größere Hotpods mit unterschiedlichen Wassertemperaturen unter freiem Himmel, eine angenehme Anlage und der oft eiskalte Fluss zur Abkühlung haben den Thermalquellen überregionalen Status beschert. Besonders schön ist es im Morgengrauen.
■ 165 Hot Springs Blvd, Tel. 970 264 41 68, www.pagosahotsprings.com, tgl. 7–23 Uhr, ab 26/14 $

Restaurants

€ | **Pagosa Brewing & Grill** Rustikales Brauhaus mit deftigen Burgern und teils abenteuerlichen Gerstensäften – u. a. mit Chili. ■ 118 N Pagosa Blvd, Tel. 970 731 27 39, www.pagosabrewing.com, tgl. 11–22, Sa, So ab 10 Uhr

ADAC *Mittendrin*

Colorado Historic Hot Springs Loop
Zwischen Steamboat Springs an der Grenze zu Wyoming und Pagosa Springs im Süden zählt Colorado immerhin 19 gut bis sehr gut entwickelte Thermalbäder. Im Wasser der heißen Quellen die Gliedmaßen zu entspannen, ist daher für nicht wenige Einheimische ein Teil der Lebenskultur. Fans können gar einen ganzen Urlaub danach ausrichten. Der Rundkurs allerdings ist gut 1150 Kilometer lang.
www.colorado.com/hotspringsloop

36 Mesa Verde National Park

Verlassene Felsensiedlungen der Pueblo-Völker

 Information

■ Visitor and Research Center, 35853 Rd H.5, Mancos, CO 81328, Tel. 970 529 44 65, www.nps.gov/meve, tgl. 7.30–19 Uhr (im Winter kürzer), Park durchgehend geöffnet, 20 $ pro Fahrzeug

Vor mehr als 700 Jahren haben die Anasazi-Völker ihre bemerkenswerten Felsendörfer aus bisher noch ungeklärter Ursache verlassen. Wissenschaftler schätzen, dass die indigenen Stämme die rund 600 Behausungen von 600 bis 1300 n.Chr. bewohnt haben. Sie haben rund 5000 gut erhaltene archäologische Stätten zurückgelassen, die der Park schützt und die in ihrer Gesamtheit zum Weltkulturerbe der UNESCO gehören.

Auch geografisch ist der Nationalpark mehr als interessant: Wie der spanische Name (»grüner Tisch«) bereits andeutet, ist Mesa Verde ein dicht bewaldeter und zerklüfteter Tafelberg, der bis zu 600 m aus dem Umland herausragt. Das Terrain und seine archäologischen Schätze erschließen sich nicht zuletzt wegen der topografischen Besonderheiten deutlich schwieriger als die der meisten anderen Nationalparks.

Den besten Einblick in die verlorene Zivilisation der Anasazi ermöglicht der Cliff Palace mit seinen zusammenhängenden Behausungen, in denen einst mehr als 100 Menschen gelebt haben. Die Besichtigung der Bauten ist nur in Begleitung eines Rangers möglich,

Interessenten können Tickets vorab im Besucherzentrum erwerben.

Die sogenannte Far View Site war die mutmaßlich am dichtesten bewohnte Gegend nach dem Jahr 1100. Der Mesa Top Road Circuit verbindet zehn Stätten innerhalb des Nationalparks auf autofreundliche Weise.

37 Million Dollar Highway

Atemberaubende Passstraße durch einsame Bergwelten

 Information

■ www.durango.org

Der Highway 550 führt von Montrose, Colorado, bis vor die Tore von Albuquerque, New Mexico. Das wäre nicht weiter erwähnenswert, würde unterwegs nicht ein Straßenabschnitt aufwarten, der auch Weitgereisten das Herz höher schlagen lässt. Konkret handelt es sich um die 40 Kilometer von Silverton nach Ouray in den schroffen San Juan Mountains.

Unterwegs gilt es auf teils engen Serpentinen, bei denen jede Absperrung fehlt, den 3358 m hohen Red Mountain Pass zu bewältigen. Eine fahrerische Herausforderung, die nicht nur mit erhöhtem Adrenalinausstoß, sondern auch mit unvergesslichen Ausblicken belohnt wird. Beifahrer in Wohnmobilen sitzen dabei gelegentlich über dem Abgrund.

Der Name, so will es eine Legende, ist auf die Baukosten pro Meile in den 1920er-Jahren zurückzuführen. Eine andere besagt, dass sich der Name auf das zum Bau verwendete goldhaltige Gestein bezieht.

Der Million Dollar Highway führt durch eine beeindruckende Gebirgslandschaft

Sehenswert

Ouray
| Bergdorf |

Das Bergdorf liegt auf 2350 m Höhe in den San Juan Mountains, wo es rund um seine horizontal abfallende Main Street den Charme des Wilden Westens verbreitet. Eine Wellness-Einheit können Sie in den rustikalen Wiesbaden Springs (www.durango.org) einlegen. Einen gelungenen Abend verspricht der Besuch bei »Mr. Grumpy Pants« – so nennt sich der Braumeister der Ouray House Brewery (703 Main St, Ouray, CO 81427, tgl. 16.30–24 Uhr).

Durango
| Stadt |

Mit ihren breiten Straßen und den gut erhaltenen, malerischen Backsteinbauten aus der Gründerzeit ist die Innenstadt von Durango (17 000 Einw.) wie gemacht für Westernverfilmungen der Gegenwart. Außerdem locken eine abwechslungsreiche Natur und uralte Felsenwohnungen.

■ www.durango.org

☀ Erlebnisse

Durango & Silverton Narrow Gauge Railroad Von Durango fährt eine dampfbetriebene, 140 Jahre alte Schmalspurbahn ins rund 800 m höher gelegene ehemalige Minenstädtchen Silverton. Nach gut 70 Kilometern erreicht man das von beeindruckenden Berggipfeln umgebene Winter- und Sommersportdorf Silverton. Die Bahnfahrt ist ein schönes Erlebnis für Nostalgiker jeden Alters.

■ www.durangotrain.com, Mai–Okt., Hin- und Rückfahrt ab 89/55 $

38 Black Canyon of the Gunnison National Park

Die dunkle, tiefe Schlucht bürgt für ungewöhnliche Naturerlebnisse

 Information

■ 102 Elk Creek, Gunnison, CO 81230, Tel. 970 641 23 37, www.nps.gov/blca, Park durchgehend geöffnet
■ South Rim Visitor Center (11 km nördl. der Kreuzung der Highways 50 und 347), tgl. 8–18 Uhr, 20 $ pro Fahrzeug

Wann immer in früheren Jahrhunderten Menschen in diesen Teil des Landes vorgedrungen sind, standen sie vor einer unlösbaren Aufgabe: Der Black Canyon of the Gunnison mag an einer Stelle nur 345 m breit sein. Doch der Gunnison River hat sich dort 550 m tief in das Gestein eingegraben – für

Die Felsdome Coke Ovens im Colorado National Monument

die indigenen Völker eine ebenso unüberwindliche Hürde wie für die Siedler. Wer über die steile und nur für geübte Wanderer geeignete Gunnison Route in den Canyon hinabsteigt, findet dort nur schwaches Tageslicht vor – was den Namen erklärt. Fast alle Autofahrer erreichen den Canyon am South Rim. Dort befindet sich auch der Ausgangspunkt für eine leichtere Wanderung: Der Rim Rock Nature Trail ist 1,6 Kilometer lang, vorbei an Wacholdersträuchern und tollen Ausblicken auf den Gunnison River führt er zum Rand des Canyons.

39 Colorado National Monument

Bizarre Landschaft als Ouvertüre zum großen, weiten Westen

 Information

■ Saddle Horn Visitor Center, 1750 Rim Rock Dr, Fruita, CO 81521, Tel. 970 858 36 17, www.nps.gov/colm, tgl. 8–18 Uhr (im Winter kürzer), Park durchgehend geöffnet, 15 $ pro Fahrzeug

Westlich der Rocky Mountains wird sichtbar, mit welcher Kreativität der Colorado River in Jahrmillionen die Landschaft geformt hat. Unweit der Grenze zu Utah hat der Fluss eine tiefe Schlucht in den Sandstein gegraben. Wer den ebenso kurvenreichen wie spektakulären Rim Rock Drive hinauffährt, blickt bis zu 610 m in die Tiefe. Auf dem schroffen Land gedeihen vor allem Wacholder und Pinyon-Kiefern, doch auch Kakteen und Sukkulenten. Die 36 Kilometer lange Straße ist sowohl von Grand Junction als auch von Fruita aus zugänglich.

Wandern

Wanderung zu Devil's Kitchen Die mittelschwere Wanderung führt auf ansteigendem Gelände vorbei an einer Schlucht zu einer abgelegenen Formation aus gerundeten Nadelfelsen. Die Strecke ist nicht gesichert und sollte deshalb nur mit geeignetem Schuhwerk in Angriff genommen werden. Eine Karte steht auf der Homepage des Parks zum Download bereit.
■ www.nps.gov/colm

 # 40 Rocky Mountain National Park

 Majestätische Berggipfel in unberührter Natur

i **Information**

■ Beaver Meadows Visitor Center, 1000 US Highway 36, Estes Park, CO 80517, Tel. 970 586 12 06, www.nps.gov/romo, tgl. 9–16.30 Uhr, Park durchgehend geöffnet, 20 $ pro Fahrzeug

Die Gipfel der Rocky Mountains sind zwar vergleichbar hoch, aber deutlich weniger steil als die der Alpen. Die Baumgrenze indes befindet sich viel weiter oben als in Europa. So bietet das Gebirge einen Anblick, dessen man nicht müde wird: schneebedeckte Gipfel unter meist strahlend blauem Himmel, darunter Wälder aus intensiv duftenden Ponderosa-Pinien.
An kaum einem anderen Ort scheint die Landschaft so stimmig wie in diesem überwältigend schönen Nationalpark. Kaum irgendwo aber ist auch der Verkehr so dicht wie im Sommer auf der Trail Ridge Road: 98 Prozent der vier Mio. Besucher sehen wenig

Der kleine Lake Verna liegt im Westen des Rocky Mountain National Park

mehr als die Passstraße. Das lässt andererseits viel Platz für Wanderer. Das Besucherzentrum Beaver Meadows verdient besondere Beachtung: Es wurde von Frank Lloyd Wright entworfen, dem vielleicht amerikanischsten aller Architekten.

 Sehenswert

Trail Ridge Road
| Panoramastraße |
Die zu Recht berühmte Passstraße führt über 77 Kilometer von Grand Lake nach Estes Park. Unterwegs gestatten Parkbuchten den Genuss des wundervollen Bergpanoramas. Der höchste Punkt befindet sich auf 3714 m, weshalb die Straße meist nur von Mitte Mai bis Anfang Oktober befahrbar ist. Unterwegs gilt es auch den

Millner Pass zu bewältigen, wo sich die »continental divide« befindet, die amerikanische Wasserscheide. In der Dämmerung zeigen sich in der Ebene Hirsche (»elk«) und Elche (»moose«). Der Verkehr ist zuweilen so dicht, dass die Parkleitung aktuell Beschränkungen erwägt.

Wandern

Wanderung auf den Deer Mountain
Die mit Abstand beliebteste Gipfelwanderung im Park ist gut zehn Kilometer lang, unterwegs gilt es rund 400 Höhenmeter zu überwinden. Ausgangspunkt ist Deer Ridge Junction, sieben Kilometer nordwestl. des Besucherzentrums Beaver Meadows.

In der Umgebung

Estes Park
| Ortschaft |
Dank seiner Lage an der Ostflanke der Rockies dient Estes Park als Einfallstor zum Nationalpark. Von der Outdoor-Ausrüstung bis hin zu Restaurants und Hotels finden Besucher hier alles für ihre Reise. Der Ort (6000 Einw.) ist historisch gewachsen und lockt mit einem kleinen Zentrum.
■ www.visitestespark.com

Winter Park
| Skigebiet |
Der am südlichen Zugang zum Nationalpark gelegene Ort war lange in erster Linie ein Ski-Resort. Aus der Retorte, aber schön gemacht. Die Pisten werden von 25 Liften gespeist. Von Januar bis März pendeln sogar Züge aus Denver hierher. Im Sommer lädt der Mountainbike-Park zu Abenteuern ein.
■ www.winterparkresort.com

Restaurants

€€ | The Rock Inn Mountain Tavern
1937 eröffnet, treffen sich hier bis heute die Einheimischen auf ein Sandwich. Auch neumodische Bowls kommen auf den Tisch. Wichtiger aber ist das Musikprogramm mit Songwritern aus Colorado. Jeden Donnerstag gibt es wilde Bluegrass-Konzerte. ■ 4 km südwestl. von Downtown, 1675 State Highway 66, Estes Park, Tel. 970 586 41 16, www.rockinnestes.com, tgl. ab 16 Uhr

Kneipen, Bars und Clubs

The Wheel Bar Seit 1945 eine Institution in Estes Park und bis heute in Besitz der Familie Nagl. ■ 132 E Elkhorn Ave, Estes Park, Tel. 970 586 93 81, www.thewheelbar.com, tgl. 10–2 Uhr

Sport

Sylvan Dale Guest Ranch Meditative Ausritte auf gut trainierten Pferden in wunderschönem Gelände – Gruppen ab sechs Personen können auch Barbecue oder Frühstück dazubuchen. ■ Sylvan Dale Guest Ranch, 2939 N County Rd 31D, Loveland, CO 80538, Tel. 970 667 39 15, www.sylvandale.com, Ausritt ab 43 $

41 Boulder

Charmante College-Stadt zu Füßen der Rocky Mountains

Information

■ Visitor Information Center, 1303 Pearl St, Boulder, CO 80302, Tel. 303 417 13 65, www.bouldercoloradousa.com, tgl. 11–17 Uhr

Boulder (108 000 Einw.) ermöglicht die Verwirklichung eines Lebensentwurfs, der in den USA immer beliebter wird: ein unaufgeregter Alltag in einer attraktiven, liberalen Kleinstadt, der es dank der vielen Studenten, der geringen Distanzen, der Nähe zur Natur und einer guten gastronomischen Infrastruktur an nichts fehlt. So ist es kein Wunder, dass die Stadt in Rankings der attraktivsten Wohnorte der USA regelmäßig auf den vorderen Plätzen landet.

 Sehenswert

Pearl Street

| Fußgängerzone |

Das Herz der Stadt: Fachgeschäfte für Bücher und nachhaltig produzierte Outdoor-Bekleidung wechseln sich in einer Fußgängerzone mit eigentümergeführten Cafés und Restaurants ab.

■ www.boulderdowntown.com

 Restaurants

€ | Mountain Sun Pub & Brewery Bei allen Generationen beliebter Brewpub mit guten Gerichten, die auch vegetarische und vegane Speisen umfassen. Rheinländer aufgepasst: Saisonal produziert das Haus Kölsch und Alt am selben Ort. ■ 1535 Pearl St, Tel. 303 546 08 86, www.mountainsunpub.com, tgl. 11–1 Uhr

€€ | Boulder Dushanbe Teahouse In der Partnerstadt Tadschikistan angefertigt, wurde das Teehaus nach Boulder gebracht und dort wieder aufgebaut. Mit seiner auffälligen Erscheinung, seiner angenehmen Atmosphäre und der guten, orientalisch inspirierten Küche ist das Restaurant, das sich selbst als Symbol des Friedens sieht, zugleich eine Top-Sehenswürdigkeit der Stadt. ■ 1770 13th St, Tel. 303 442 49 93, www.boulderteahouse.com, tgl. 8–21 Uhr

Die charmante Fußgängerzone Pearl Street liegt im Herzen von Boulder

Übernachten

Die Hotellandschaft Colorados ist so vielseitig, wie es nur eben geht: Vom Grandhotel europäischer Schule über lässige Stadtunterkünfte bis hin zur Herberge aus der Gründerzeit des Wilden Westens ist alles vorhanden. Eine besondere Attraktion sind die Dude Ranches, wo Aktivitäten wie Reiten und Fliegenfischen zum Tagesprogramm gehören.

€€–€€€ | **The Curtis** Einzigartiges Stadthotel, das sich ganz der Pop-Art verschrieben hat. Die Tatsache, dass das Haus unter der Doubletree-Dachmarke von Hilton firmiert, fällt kaum auf. ■ 1405 Curtis St, Denver, CO 80202, Tel. 303 571 03 00, www.thecurtis.com
€€–€€€ | **The Maven** Nagelneues Designhotel mit klaren Linien und viel Stil. Das Gebäude befindet sich direkt neben dem Milk Market in Lower Downtown. ■ 1850 Wazee St, Denver, CO 80202, Tel. 720 460 27 27, www.themavenhotel.com
€€€ | **The Art Hotel** Das Hotel befindet sich im Museumsviertel, an den Wänden der Zimmer hängen avantgardistische Gemälde. Viele Zimmer mit Blick auf die Rocky Mountains. ■ 1201 Broadway, Denver, CO 80203, Tel. 303 572 80 00, www.thearthotel.com

€–€€ | **Buffalo Lodge** Eigentümergeführtes Hotel, das sich unweit von Manitou Springs auf die Bedürfnisse von Radfahrern spezialisiert hat. Unkonventionell und freundlich, einfache, aber saubere Zimmer. ■ 2 El Paso Blvd, Colorado Springs, CO 80904, Tel. 719 634 28 51, www.bicycleresort.com

€–€€ | **Strater Hotel** Denkmalgeschütztes Haus in Downtown. Die Zimmer sind mit Antiquitäten aus der Epoche der Pioniere eingerichtet. ■ 699 Main Ave, Durango, CO 81301, Tel. 970 247 44 31, www.strater.com
€€ | **Historic Western Hotel** Charmantes Hotel mit hauseigenem, urigem Saloon, das sich aus der Pionierzeit im ausklingenden 19. Jh. ins 21. Jh. hinübergerettet hat. ■ 206 und 210 7th Ave, Ouray, CO 81427, Tel. 970 325 46 45, www.historicwesternhotel.com

€–€€ | **YMCA of the Rockies** Zu Füßen der Berge betreibt der Christliche Verein Junger Menschen eine riesige Ferienanlage. Familien können Hütten mit Panoramaterrassen mieten. Zur Anlage gehören auch Zipline, Bogenschießanlage und Minigolfplatz. ■ Estes Park Center, 2515 Tunnel Rd, Estes Park, CO 80511, Tel. 970 586 33 44, www.ymcarockies.org
€€ | **Sylvan Dale Dude Ranch** Prächtiges Anwesen auf einer 1300 Hektar großen Landparzelle. Zum Konzept der Dude Ranch gehören neben naturnahen Unterkünften auch Aktivitä-

ten wie Reiten, Bogenschießen und Angeln. ■ 2939 N County Rd 31D, Loveland, CO 80538, Tel. 970 667 39 15, www.sylvandale.com

€€–€€€ | **The Ridgeline Hotel** Familienfreundliche Unterkunft mit bequemen Betten im Stil eines modernen Berghotels. Zur Anlage gehören Pool, Spielsalon und ein Restaurant, in dem Burger aus Hirschfleisch auf den Tisch kommen. ■ 101 S Saint Vrain Ave, Estes Park, CO 80517, Tel. 970 586 23 32, www.ridgelinehotel.com

€€€ | **Devil's Thumb Ranch** Grandiose Ranch mit Blick auf die Rocky Mountains. Die Zimmer haben Panoramafenster und einen Kamin. Zum Anwesen gehören Spa, Bowlingbahn, Pool, Kino und Restaurant. Wer mag, kann reiten, fliegenfischen oder sich an Bord einer Westernkutsche neue Ausblicke verschaffen. ■ 3530 County Rd 83, Tabernash, CO 80478, Tel. 970 726 70 00, www.devilsthumbranch.com

€€€ | **The Stanley Hotel** Das Grandhotel alter Schule wurde im Jahr 1909 als eines der ersten in den Rocky Mountains eröffnet. Seine Bekanntheit verdankt der im Neokolonialstil gehaltene Bau seiner Rolle als Schauplatzvorlage für Stephen Kings Roman »The Shining«. Amerikaner erfreuen sich an den anhaltenden Gerüchten, dass es in dem Haus spukt. ■ 333 Wonderview Ave, Estes Park, CO 80517, Tel. 970 577 40 00, www.stanleyhotel.com

Boulder 102

€€€ | **Hotel Boulderado** Sehr stilvolles, charmantes Hotel mit gediegenem Komfort in einem wunderbaren Backsteinbau. Hier steigen die Eltern der College-Kids ab, wenn es etwas zu feiern gibt. ■ 2115 13th St, Boulder, CO 80302, Tel. 303 442 43 44, www.boulderado.com

ADAC *Das besondere Hotel*

The Broadmoor Das ehrwürdige Hotel war 1918 einer der ersten Versuche, den Standard europäischer Grandhotels in die Rocky Mountains zu überführen. Dieses Vorhaben ist gelungen, denn das auf den untersten Flanken der Berge an einem See gelegene Haus ist seit seiner Eröffnung mit den höchsten aller Auszeichnungen dekoriert: fünf Diamanten des amerikanischen Automobilclubs AAA. Auch wenn die Einrichtung konservativ ist, so können sich Gäste darauf verlassen, dass in diesem Haus alles stimmt. €€€ | *The Broadmoor, 1 Lake Ave, Colorado Springs, CO 80906, Tel. 855 634 77 11, www.broadmoor.com*

Utah und seine Nationalparks

Kein anderer Ort ist mit derart vielen Landschaften gesegnet, die Besucher zum Staunen bringen

Der Süden und der Osten von Utah unterscheiden sich erheblich von den anderen vier Staaten des Südwestens: Größere Ballungsräume oder attraktive Städte gibt es hier nicht zu entdecken. Dafür ist die Dichte an Nationalparks und anderen verblüffenden Naturattraktionen jedoch größer als in allen anderen Regionen des Landes. Vor allem das klassische Trio aus Zion, Bryce Canyon und Arches darf bei keinem Trip durch den Südwesten auf der »Bucket List« fehlen. Die Landschaften sind schlichtweg sensationell – und sie lassen sich sowohl auf einfache Weise mit dem Auto als auch mit mehr Aufwand in Form einer Wanderung oder per Fahrrad erkunden. Die enorme Popularität und die gute Erreichbarkeit der Parks in Utah haben allerdings auch zu einem dramatischen Anstieg der Besucherzahlen geführt. In der Hochsaison von April bis Oktober ist der Individualverkehr

nur begrenzt möglich, zum Teil werden stattdessen Shuttles eingesetzt. Wer in geschmackvollen Domizilen nächtigen möchte, sollte sich rechtzeitig um deren Buchung kümmern.

In diesem Kapitel:

ADAC Top Tipps:

Zion National Park
| Nationalpark |

Mit seinen zerklüfteten Felsenlandschaften, seinen steilen rötlichen Klippen und unterschiedlichen Lebensräumen versetzt der Nationalpark im südwestlichen Utah auch routinierte Urlauber ins Staunen. ... 108

 Arches National Park
| Nationalpark |
Mit mehr als 2000 Steinbogen und
Naturbrücken auf relativ engem
Raum ist dieser Nationalpark schlicht-
weg erstaunlich. 114

ADAC Empfehlungen:

 **Angels Landing Trail,
Zion National Park**
| Wanderung |
Die Wanderung ist anspruchsvoll.
Doch zur Belohnung erwartet die
Sportler ein Aussichtspunkt mit phä-
nomenalem Rundblick. 109

 Dead Horse Point State Park
| Naturpark |
Der Ausblick über eine Flusskurve des
Colorado River ist für sich gesehen
schon kaum zu übertreffen, doch das
Licht der Dämmerung oder ein
stahlblauer Himmel sorgen für Ab-
wechslung. 117

 **Trip mit dem Hausboot,
Lake Powell**
| Erlebnis |
Der inmitten der Wüste gelegene
Stausee wirkt wie eine Fata Morgana,
ist aber ein perfektes Revier für eine
Tour mit dem Hausboot. 119

42 Zion National Park

 Erstaunliche Felsenlandschaft mit großem Farbspektrum

ℹ️ **Information**

■ Visitor Center, 1 Zion Park Blvd, State Route 9, Springdale, UT 84767, www.nps. gov/zion, Tel. 435 772 32 56, tgl. 8–19 Uhr (im Winter bis 17 Uhr), Park durchgehend geöffnet, 30 $ pro Fahrzeug

Versteinerte Sanddünen, dramatisch eingefärbte Felsen, hängende Gärten, tiefe Täler, atemberaubende Schluchten, hohe Berge, beeindruckende Straßen – und die vielleicht spektakulärste Wanderung der USA. All dies vereint der Nationalpark auf der vergleichsweise kleinen Fläche von 594 Quadratkilometern (Grand Canyon: 4863 km²). Das macht den Park, der seinen Namen den Mormonen verdankt, zu einem der attraktivsten Ziele im Südwesten. Mehr als 4,5 Mio. Besucher wollen die Leistungsshow von Mutter Natur jedes Jahr bewundern. Für die Parkerkundung zieht das auf dem Canyon Scenic Drive erhebliche Einschränkungen nach sich (S. 109). Zwei weitere Panoramastraßen sind zurzeit frei befahrbar. Die meisten Besucher kommen aus Richtung Springfield, weitere Möglichkeiten sind die Anreise aus Osten von Mount Carmel Junction oder der Parkeintritt im Nordosten bei den Kolob Canyons. Zion ist ein herrliches Revier zum Wandern und Radeln, und auch Fans von abenteuerlichen Sportarten wie Klettern und Raften kommen auf ihre Kosten.

Wildwest-Szenerie auf dem Angels Landing Trail im Zion National Park

Sehenswert

Highway 9
| Panoramastraße |
Die Straße führt über 82 sehenswerte Kilometer durch weite Teile des Parks. Unterwegs warten sechs atemberaubende Serpentinen, ein kühner Tunnel und als Highlight Checkerboard Mesa, ein Tafelberg aus Sandstein.
■ Zwischen La Verkin (im Westen) bis nach Mt. Carmel Junction (im Osten)

Kolob Canyons
| Panoramastraße |
Die acht Kilometer lange Panoramastraße schlängelt sich im Nordwesten des Parks auf kurvenreicher Strecke vorbei an Bergen und Canyons. Auch hier ist Individualverkehr (noch) erlaubt.
■ 3752 E Kolob Canyon Rd, New Harmony, UT 84757

Zion Canyon Scenic Drive
| Panoramastraße |
Die ideale Straße zur Erkundung einiger Highlights im Schnelldurchgang. Der Shuttlebus (Pflicht von März bis Nov.) hält an diversen Aussichtspunkten und anderen Attraktionen.
■ Ab Besucherzentrum, keine Zusatzkosten, 90 Min.

 Parken

Von Mitte März bis November ist der Park für Privatwagen gesperrt. Wer den Zion Canyon Scenic Drive absolvieren möchte, kann dies in einem kostenlosen Shuttlebus machen. Wegen der angespannten Parkplatzlage wird Besuchern empfohlen, bereits in Springdale zu parken und von hier aus einen weiteren Shuttlebus zu nehmen.

 Wandern

 Angels Landing Trail Geübte Wanderer können einen der imposantesten und populärsten Aufstiege der USA absolvieren. Über rund 4,5 Kilometer geht es bei einem Höhenunterschied von 450 m zu einem Gipfel. Der Weg ist gut ausgebaut. Auf dem letzten Kilometer müssen Passagen gemeistert werden, die Trittsicherheit und Schwindelfreiheit voraussetzen. Seilketten geben zusätzlichen Halt. Wer sich das nicht zutraut, sollte an diesem Punkt nicht weitergehen. Wie bei allen anderen Wanderungen sollte man sich vorab unbedingt informieren, ob Niederschläge oder große Hitze drohen. Zur Belohnung wartet der sensationelle Blick auf den Virgin River, der sich 500 m tiefer durch das Tal windet. Hin und zurück sollte man fünf Stunden einplanen.
■ www.zionnationalpark.com, Stichwort »Angels Landing Trail«

Wanderung durch The Narrows An der Endstation des Zion Scenic Drive (Temple of Sinawava) führt der Riverside Walk hinab zu The Narrows, wo der wohl bekannteste Wanderweg beginnt: Durch ein seichtes Flussbett geht es zu sehenswerten Sandsteinschluchten. Dies erfordert Erfahrung und die geeignete Ausrüstung.

 In der Umgebung

Springdale
| Ort |
Reizvoll gelegen, verfügt der kleine Ort über eine vollständige Infrastruktur mit Hotels, Restaurants und Fachgeschäften für Outdoor-Bedarf.
■ 3 km südl. des Besucherzentrums, www.springdaletown.com

Im Blickpunkt

Die Mormonen – Utahs etwas spezielle Bewohner

Wer Utah hört, denkt an Mormonen. Es handelt sich um eine Glaubensgemeinschaft, die sich neben der Bibel auch auf das Buch Mormon beruft. Das Werk versteht sich als eine Art Fortschreibung der Heiligen Schrift, welche auch die Besiedlung Amerikas beinhaltet. Es existieren rund 70 unterschiedliche Ausrichtungen. Viele Mormonen zogen im 19. Jh. nach Utah, wo sie Brigham Young als ihren Propheten anerkannten. Die rund 1,5 Mio. Anhänger der Glaubensgemeinschaft verzichten auf Alkohol und Glücksspiel. Von vielen Amerikanern werden sie skeptisch beäugt.

King's Landing

| Restaurant |

Hier wird exzellente neuamerikanische Küche serviert.

■ 1515 Zion Park Blvd, Springdale, UT 84767, Tel. 435 772 74 22, www.klbzion.com, in der Saison tgl. ab 17 Uhr

St. George

| Stadt |

Die größte Stadt im Südwesten Utahs (83 000 Einw.) eignet sich zum Stopover auf der Durchreise. Bemerkenswert ist der Mormonentempel Church of Jesus Christ of Latter-day Saints von 1877 (nur von außen, mit Besucherzentrum, St. George Temple Visitors' Center, 490 S 300 E, www.stgeorgetemplevisitorscenter.info).

■ 75 km westl., www.visitstgeorge.com

 Sport

St. George Marathon Lust auf einen Wüstenmarathon? Der steigt in St. George auf schönen Straßen im Oktober. Anmeldeschluss ist Ende Juni.

■ www.stgeorgemarathon.com

43 Bryce Canyon National Park

Ein farbenfrohes Ensemble aus Felsnadeln und Amphitheatern

 Information

■ Visitor Center, Highway 63, Bryce, UT 84764, Tel. 435 834 53 22, www.nps.gov/brca, tgl. 8–20 Uhr (im Winter kürzer), Park durchgehend geöffnet, 30 $ pro Fahrzeug

Sie könnten aus dem Atelier eines Bildhauers stammen oder aus den Tiefen einer Höhle. Tatsächlich aber sind die »Hoodoos«, wie Amerikaner die Felsnadeln bezeichnen, das Ergebnis von Erosion durch Frost, Eis, Wind und Wasser. Auf einer Höhe von 2400 bis 2700 m ist der Bryce Canyon eine Art Bruchkante des Paunsaugunt Plateau. Mit etwas Fantasie und bei geeigneter Perspektive sieht der Betrachter ein Ensemble steil abfallender Amphitheater, die aus den bis zu 60 m hohen Sandsteingebilden gebaut scheinen. Seine ganze Pracht spielt das Ensemble im Licht der Dämmerung aus. Eingang und Besucherzentrum sind im Norden des Parks. Von hier aus sind es nur wenige Kilometer bis zu den vier bekanntesten Aussichtspunkten. Einige Einrichtungen zur Versorgung sind außerhalb des Parks in der Siedlung Bryce vorhanden.

Sehenswert

Natural Bridge
| Aussichtspunkt |

Der beliebte Aussichtspunkt auf dem Weg in den höher gelegenen Süden des Nationalparks ermöglicht den Ausblick auf eine der spektakulären Naturbrücken – mit einer Länge von 26 m und einer Höhe von 38 m ist die Natural Bridge ein einzigartiges Fotomotiv.

■ 19 km südwestl. des Besucherzentrums

Rim Road
| Panoramastraße |

Die knapp 30 Kilometer lange Hauptstraße des Nationalparks führt zu vielen monumentalen Ausblicken. Von April bis Oktober wird sie im Norden zur Vermeidung von Verkehr, Lärm und Verschmutzung von einem Shuttlebus frequentiert. Dessen Benutzung ist noch nicht vorgeschrieben, allerdings werden Besucher zwecks Vermeidung dringend darum gebeten. Zum Parcours gehören 15 Haltestellen, darunter auch die vier bekanntesten Aussichtspunkte: Bryce Point, Inspiration Point, Sunset Point und Sunrise Point.

■ Reine Fahrtzeit 50 Minuten, Passagiere können nach Belieben an den Haltestellen aussteigen

Rainbow Point Shuttle Tour
| Panoramastraße |

Ausflug per Bus in die südlichen Gefilde des Parks, Reservierungen sind erforderlich und können sieben Tage vor Abfahrt nach dem Prinzip »first come, first serve« vorgenommen werden.

■ 9 und 13.30 Uhr, 3,5 Std., Tel. 435 834 52 90, www.nps.gov/brca

Parken

Die Benutzer des Shuttlebusses können ihren Wagen außerhalb des Parks an der ausgewiesenen Haltestelle Shuttle Station kostenlos abstellen.

Wandern

Queen's Garden Trail Der Trail führt über drei Kilometer und knapp 200 Höhenmeter durch das majestätische Amphitheater der Felsnadeln. Unterwegs erwartet die Wanderer ein Fels, dessen Silhouette Queen Victoria gleichen soll. Die Strecke ist mit dem Navajo Trail und dem Rim Trail kombinierbar, in diesem Fall ergibt sie einen Rundkurs von knapp fünf Kilometern.

■ Start am Sunrise Point

Naturbrücke im Bryce Canyon NP

Felsformationen in unterschiedlichen Farbtönen im Kodachrome Basin State Park

 Erlebnisse

Wer Vollmond und Wanderungen liebt und darüber hinaus Lotterien nicht scheut, kann sich an ausgesuchten Terminen für Tickets für eine geführte Nachtwanderung bewerben. ■ Details unter www.nps.gov/brca, Stichwort »full moon hike«

44 Kodachrome Basin State Park

Farbenfrohe Gesteinsformationen mit kurioser Entstehungsgeschichte

 Information

■ Visitor Center, Kodachrome State Park Rd, Henrieville, UT 84736, Tel. 435 679 85 62, www.stateparks.utah.gov, tgl. 6–22 Uhr, 8 $ pro Fahrzeug

In anderen Regionen wäre dieser Park eine Sehenswürdigkeit ersten Ranges.

Im mit Naturschönheiten gesegneten Utah hingegen ist das nur 16 Quadratkilometer große Areal einer derart großen Konkurrenz ausgesetzt, dass es ihm droht, übersehen zu werden. Als wäre es selbstverständlich, beherbergt der Park zum Beispiel 67 mehr oder weniger frei stehende Sandsteinfelsen, die wahlweise auch als Kamine oder schlichter als Monolithen bezeichnet werden. Die bis zu 50 m hohen Gebilde schillern in einem Farbspektrum, das von gelb über rosa bis zu weiß und braun reicht.

Von der Farbenpracht rührt auch der Name des heutigen Parks: Eine Expedition der National Geographic Society hat sich im Jahr 1948 beim Anblick der Sandsteinfelsen an die Farben des Diapositivfilms aus dem Hause Kodak erinnert gefühlt – wenig später wurde einem Antrag auf Umbenennung stattgegeben.

Die Felsen befinden sich in einem Talkessel. Ihre Entstehung erklären

Wissenschaftler damit, dass es sich um ehemalige Geysire handelt, deren Ränder härter geworden sind und somit der allgegenwärtigen Erosion standhalten konnten. Der bequem mit dem Auto erreichbare Panorama Trail gestattet einen gut fünf Kilometer langen Rundgang.

In der Umgebung

Grand Staircase-Escalante National Monument
| Naturpark |

Das riesige Schutzgebiet im Süden Utahs umfasst Schluchten, Berge und bizarre Felsformationen. In der steinigen Wüste wurden große Mengen an Fossilien gefunden, unter anderem von Dinosauriern. Das National Monument zählt zu den isoliertesten Gegenden der USA und ist auch deshalb ein perfektes Terrain für Naturfreunde, Wanderer und Abenteurer.

■ www.blm.gov

45 Capitol Reef National Park

Geologisches Phänomen mit farbenfrohen Gesteinsformationen

Information

■ Visitor Center, Utah State Route 24, Torrey, UT 84775, Tel. 435 425 37 91, www.nps.gov/care, tgl. 8–16.30 Uhr, Park durchgehend geöffnet, 15 $ pro Fahrzeug

Im Vergleich zu kapriziösen Naturwundern wie dem Grand Canyon scheint dieser Nationalpark zunächst wie ein Mauerblümchen. Die Natur hat sich hier lediglich zur Anlage einer Falte in der Erdkruste entschlossen, dem Waterpocket Fold. Dieser aber misst in seiner Nord-Süd-Ausdehnung stolze 150 Kilometer. Siedler fühlten sich an ein Riff erinnert, das für sie ein erhebliches Hindernis darstellte. Auch domförmige Gesteinsformationen haben zur Bildung des Namens beigetragen. Wenn diese im Licht der Dämmerung bunte Farben annehmen, entfaltet der Park seine subtile Schönheit. Die populärste Form der Erkundung ist der 15 Kilometer lange Capitol Reef Scenic Drive, der am Besucher-

Im Blickpunkt

Naturschutz gegen Wirtschaftsinteressen

Umweltschützer haben mit Entsetzen auf die Ankündigung von Präsident Donald Trump reagiert, die Fläche des Grand Staircase-Escalante National Monument und des im Südosten Utahs gelegenen Bears Ears National Monument drastisch zu verkleinern. Beide Naturschutzgebiete waren erst vor relativ kurzer Zeit von Trumps Vorgängern Bill Clinton und Barack Obama unter Schutz gestellt worden. Trump hingegen hat die Schutzzonen Ende 2017 per Dekret um eine Fläche reduziert, die dreimal so groß wie das Saarland ist. Kritiker fürchten, dass wirtschaftliche Interessen dahinterstehen. Unter dem Grand Staircase wird eines der größten Steinkohlevorkommen des Kontinents vermutet. Auch könne die Ausbeutung des Landes durch Fracking infrage kommen.

zentrum beginnt. Dieser führt auch durch die Geisterstadt Fruita, die 1880 von Mormonen gegründet wurde. Zu ihren Hinterlassenschaften gehört unter anderem eine Plantage mit 2700 Obstbäumen, deren Früchte die Parkbesucher je nach Saison zum Eigenkonsum ernten dürfen. In der Gegend von Fruita befinden sich auch die Ausgangspunkte von 15 unterschiedlich langen Wanderwegen sowie das Farmhaus Gifford Homestead (tgl. 8–17 Uhr), das einen Blick zurück in die Siedlungshistorie erlaubt. Ein nicht asphaltierter Weg führt drei Kilometer westlich des Besucherzentrums zum Gooseneck Overlook, einem mehr als 250 m hohen Aussichtspunkt.

Arches National Park

 Wunderland mit mehr als 2000 frei stehenden Steinbrücken

ℹ Information

■ Visitor Center, Arches Entrance Rd, Moab, UT 84532, Tel. 435 719 22 99, www.nps.gov/arch, tgl. 7.30–17 Uhr, Park durchgehend geöffnet, 30 $ pro Fahrzeug

Die Baumeister des Colorado-Plateaus haben bei seiner Ausgestaltung nur wenige kreative Elemente ausgelassen. Doch ein Nationalpark mit über

Der Delicate Arch ist der größte frei stehende Naturbogen im Arches National Park

2000 natürlich entstandenen Steinbogen und Naturbrücken sollte auch dem erfahrensten Reisenden noch ein Raunen entlocken können.

Wie die anderen Gesteinsformationen im Südwesten sind auch diese Schöpfungen das Ergebnis fortwährender Erosion und Verwitterung. Einige von ihnen sind derart fotogen, dass sie bereits die Titelseiten von Reisemagazinen geziert haben. Der größte trägt den Namen Landscape Arch und misst fast 100 m, während das kleinste registrierte Exemplar lediglich einen Meter überspannt. Die Farben des Gesteins und die Kompositionder anderen Landschaftselemente – Hunderte Felsnadeln, riesige Felsen, Koniferen und Grasland – verleihen dem Park einen zusätzlichen Reiz.

Weite Teile des Nationalparks sind über die eine vorhandene Straße leicht zugänglich. Das hat jedoch auch seine Schattenseiten, denn Arches ist mittlerweile derart populär, dass die Parkleitung von März bis Oktober vor Staus warnt. Ein Shuttlesystem wie im Zion und Bryce Canyon gibt es hier jedoch noch nicht.

Abgesehen von Zeltplätzen existiert keinerlei touristische Infrastruktur im Park, Restaurants und Quartiere finden Besucher im nahen Moab. Wie in allen Nationalparks gilt auch hier: Wer das erhabene Naturerlebnis und Einsamkeit sucht, konzentriert sich auf die unzugänglicheren Wanderwege und die weniger bekannten, doch ähnlich attraktiven Landschaften abseits der Hauptstraße.

 Sehenswert

Delicate Arch
| Felsformation |

Mit rund 15 m Höhe und zehn Meter Breite ist dies der größte frei stehende Natursteinbogen im Park. Wer das perfekt geformte Phänomen aus der Nähe in Augenschein nehmen möchte, muss eine rund fünf Kilometer lange Wanderung in Kauf nehmen, bei der es 150 Höhenmeter zu überwinden gilt. Wer die mittelschwere Anstrengung auf sich nimmt, wird unterwegs mit dem Anblick jahrtausendealter Petroglyphen belohnt, die Mitglieder des Ute-Volks hinterlassen haben. Auch kommen Wanderer an der Wolf Ranch vorbei. Das im Jahr 1908 von Pionieren gebaute Anwesen ist gut erhalten.

■ 20 km nordöstl. des Besucherzentrums

Blick vom Dead Horse Point State Park auf den Colorado River

Landscape Arch
| Felsformation |

Im Unterschied zu Delicate Arch ist dieser Natursteinbogen mit einer Spannweite von fast 100 m nicht frei stehend, weshalb er auch als Naturbrücke bezeichnet wird. Wer diese sehen möchte, muss den Arches Scenic Drive bis zum Ende durchfahren und anschließend eine Wanderung von drei Kilometern (hin und zurück) absolvieren.

■ 29 km nördl. des Besucherzentrums

Windows Section
| Landschaft |

Besucher mit einem knappen Zeitbudget konzentrieren sich auf dieses unwirklich anmutende Ensemble, wo das Gestein so aussieht, als sei es aus ebenso leicht formbarer wie großzügig vorhandener Knetmasse hergestellt worden: Eine ganze Reihe von Steinbogen, Naturbrücken, Felsnadeln, Tafelbergen und unerwarteten Durchbrüchen konkurrieren um die Aufmerksamkeit von Betrachtern und ihren Kameras.

■ 20 km nordöstl. des Besucherzentrums

47 Moab

Die quirlige Kleinstadt am Colorado River steht für das »neue Utah«

ℹ Information

■ Information Center, 25 E Center St, Moab, UT 84532, www.discovermoab.com, Mo–Sa 8–19, So 9–18 Uhr

Obwohl der Name aus dem Alten Testament stammt, verkörpert Moab (5000 Einw.) eine spürbare Aufbruchstimmung im Land der Mormonen: Zwischen den Nationalparks Arches und Canyonlands gelegen, scheinen hier die jungen Naturfreunde den gottesfürchtigen Asketen den Rang abgelaufen zu haben. Wandern, Mountainbiking, Rafting und ähnliche Aktivitäten sind die neue Religion. Nette Cafés und Restaurants steigern die Aufenthaltsqualität.

Restaurants

€ | **Susie's Branding Iron** Nahr- und schmackhafte Cowboy-Mahlzeiten in rustikalem Ambiente mit Wildwest-Flair. Große Portionen und Speisekarte.
■ 2971 South Highway 191, Tel. 435 259 62 75, www.susiesbrandingiron.com, tgl. 11.30–21 Uhr

€ | **Sweet Cravings** Hausgemachte Backwaren und Bio-Kaffee machen dieses Café zu einer beliebten Adresse für Frühstück und Lunch. Spezialität des Hauses sind die lecker-süßen Zimtrollen. ■ 397 N Main St, Tel. 435 259 89 83, www.cravemoab.com, tgl. 7–16 Uhr (Winter 8–15 Uhr)

€€€ | **Sunset Grill** Von Cajun Shrimp bis zu Honey Pecan Chicken lässt die Speisekarte keinen amerikanischen Wunsch offen. Der 180-Grad-Ausblick auf die Felsenlandschaft verleiht im Sonnenuntergang einem Besuch die zusätzliche Würze. ■ 900 N Main St, Tel. 435 259 71 46, www.moabsunsetgrill.com, Mo–Sa 17–22 Uhr

Kinder

Moab Giants Der Mini-Themenpark befriedigt vor allem kindlichen Wissensdurst nach prähistorischen Welten, die unter anderem in Form von Dinosauriermodellen und 3-D-Animationen lebendig werden. ■ 112 West SR-313, Tel. 435 355 02 88, www.moabgiants.com, tgl. 10–18 Uhr (Eintritt bis 17 Uhr), 22 $ (Familien 70 $)

In der Umgebung

Dead Horse Point State Park
| Naturpark |

(24) *Beeindruckender Blick auf den Colorado River aus luftiger Höhe*

Von der südlichen Spitze des Parks hat man aus über 1700 m Höhe einen sensationellen Blick auf den 600 m tiefer gelegenen Colorado River, der an dieser Stelle eine 180-Grad-Kurve macht. ■ 52 km südwestl. von Moab, Tel. 435 259 26 14, stateparks.utah.gov, tgl. 6–22 Uhr (Visitor Center tgl. 9–17 Uhr)

`48` Canyonlands National Park

Erstaunliche Schluchtenlandschaft auf einem Hochplateau

ℹ Information

■ Island in the Sky Visitor Center, Grand View Point Rd, 50 km südwestl. von Moab, Moab, UT 84532, Tel. 435 719 23 13, www.nps.gov/cany, Ende März–Ende Nov. tgl. 9–17 Uhr, Park durchgehend geöffnet, 30 $ pro Fahrzeug

Der Colorado River und der Green River haben sich tief in den Sandstein

ADAC *Mittendrin*

State Parks
Viele Nationalparks in den USA leiden unter ihrem eigenen Erfolg. Allein den Zion National Park haben zuletzt 4,5 Mio. Menschen pro Jahr besucht, im Grand Canyon waren es 6,2 Mio. Auf den hervorragend gemachten Straßen, die oft durch die schönsten Landschaften führen, herrscht nicht selten Stau. Einheimische meiden die Touristenmagneten daher verstärkt. Auf Abenteuer in der Natur müssen sie deswegen nicht verzichten, denn das Angebot an Alternativen ist reich, die unter Namen wie National Monument oder National Forest firmieren. Jeder Bundesstaat unterhält darüber hinaus State Parks, die oft nicht weniger spektakulär als Nationalparks sind. Allein Utah zählt 40 davon, darunter so sehenswerte wie das Kodachrome Basin.
www.stateparks.com

eingegraben. Im Canyonlands National Park sind die Schluchten bis zu 300 m tief. Ihr Zusammenfluss teilt das Gelände des größten Nationalparks Utahs in drei unterschiedlich schwer zugängliche Segmente.

Am bekanntesten ist Island in the Sky. Von den Gipfeln der umliegenden Gebirge betrachtet, scheint das Hochplateau durch die vom Fluss geformten Schluchten tatsächlich wie eine schwebende Insel. Die Grand View Point Road ermöglicht die problemlose Fahrt zum gleichnamigen Ausblick über die Schluchten (50 km hin und zurück).

Deutlich weniger besucht sind die beiden anderen Abschnitte des Parks: The Needles ist eine schroffe Landschaft mit bizarren Felsnadelformationen, während The Maze ausschließlich aus westlicher Richtung und dort auch nur mit einem Allradfahrzeug erreicht werden kann.

49 Natural Bridges National Monument

Drei fotogene Naturbrücken auf ganz engem Raum

 Information

■ Visitor Center, Natural Bridge, 175 km südwestl. von Moab, Lake Powell, UT 84533, Tel. 435 692 12 34, www.nps.gov/nabr, tgl. 9–17 Uhr, Park durchgehend geöffnet, 15 $ pro Fahrzeug

Springfluten, Erosion und Wind haben im White und Armstrong Canyon drei fantastische Naturbauwerke geformt. Alle drei sind nach Mitgliedern des indigenen Hopi-Volks benannt und be-

sitzen eine beachtliche Spannweite: Sipapu ist 66 m breit, Kachina 63 m und Owachomo 33 m. Über eine 15 Kilometer lange Straße sind alle drei leicht mit dem Auto erreichbar. Wanderwege führen tiefer in die Landschaften hinein, wobei das Naturerlebnis sofort intimer wird.

 In der Umgebung

Four Corners
| Denkmal |

Wer binnen weniger Sekunden vier US-Bundesstaaten besuchen möchte, ist an dieser Stelle genau richtig: Auf dem Territorium der Navajo laufen die Grenzlinien von Utah, Arizona, Colorado und New Mexico gerade aufeinander zu. Es ist das einzige Vierländereck in den USA – Anlass genug, ein kleines Monument einzurichten.

■ 160 km südöstl. von Natural Bridges, tgl. 8–19.45 Uhr (im Winter kürzer), Eintritt 5 $

50 Lake Powell

Mächtiger Stausee mitten in der Wüstenlandschaft

 Information

■ Carl Hayden Visitor Center, US 89, 2 km nordwestl. von Page, Lake Powell, AZ 84533, Tel. 928 608 62 00, www.nps.gov/glca, tgl. 8–18 Uhr (im Winter kürzer)

Während sich die Natur Hunderte Millionen Jahre Zeit ließ, um die Canyon-Landschaften des Südwestens zu gestalten, benötigt der Mensch zuweilen nur wenige Jahre, um sie mit Wasser zu füllen. Im Grenzgebiet von Utah und Arizona konnte der Lake Powell entstehen, nachdem 1963 bei Page (S.50) der Glen Canyon Dam vollendet wurde. Anschließend sollte es gut 17 Jahre dauern, ehe der Colorado River den angedachten Wasserspiegel erreicht hat. Durch ausbleibende Niederschläge und die steigende Wassernachfrage rasant wachsender Städte wie Las Vegas ist der Pegel zwischenzeitlich dramatisch abgesunken. Dennoch bleibt der See ein beliebtes Revier für Wassersportler. Die einzige am See gelegene Stadt ist Page, die außer der touristischen Infrastruktur nicht viel zu bieten hat.

 Sehenswert

Glen Canyon Dam
| Staudamm |
Die 216 Meter hohe Talsperre hat eine bis zu 91 Meter dicke Mauer. Mit einer Breite von nur 106 Metern ist sie dagegen erstaunlich schmal. Die Glen Canyon Historical Society bietet täglich Touren an.
■ Tel. 928 640 39 00, www.glencanyon nha.org, Touren tgl. 8.30–15.30 Uhr (nur bei Temperaturen unter 40 Grad, im Winter weniger Termine), 5/2,50 $

 Erlebnisse

(25) **Trip mit dem Hausboot** Amerikaner lieben es, an Bord eines Hausboots tagelange Touren auf dem Lake Powell zu unternehmen. Drei Tage dieses höchst meditativen Erlebnisses sind ab etwa 1000 Dollar buchbar. Wer weniger Zeit und Budget mitbringt, kann immerhin an Bord eines Hausboots speisen. Das schwimmende Restaurant Latitude 37 liegt an der Wahweap Marina (13 km nördl. von Page).■ www.lakepowell.com

Im Blickpunkt

Die Waffenlobby in den USA

Immer wieder sorgen in den USA Amokläufe und andere Gewalttaten bewaffneter Menschen für Entsetzen. Ein Verbot von Schusswaffen oder wenigstens von Schnellfeuergewehren scheint aber kein Thema zu sein. Zu mächtig ist die National Rifle Association (NRA). Der Verband sieht sich als Verfechter der amerikanischen Verfassung und hier insbesondere des zweiten Zusatzes, der jede Einschränkung auf das Recht zum Waffenbesitz verbietet. Politiker wagen sich nur zögerlich an das Thema. Die Gründe dafür sind nicht nur in einem allgemeinen Waffenwahn oder der Wildwest-Vergangenheit zu sehen. Viele Waffenbesitzer hoffen auf eine Abschreckung von Eindringlingen, doch auch der Schutz vor Bären und anderen Tieren ist ein Thema.

Übernachten

Der Süden Utahs ist reich an Naturschätzen, aber sehr dünn besiedelt. Die Anzahl der Übernachtungsangebote ist dementsprechend eher begrenzt und konzentriert sich auf die Besucher der vielen Nationalparks. Am größten ist die Auswahl in Moab, das ein populärer Ausgangsort für Naturaktivitäten ist. Die wenigen, aber dafür umso geschmackvolleren Lodges in den Parks sind rasch ausgebucht.

Zion National Park 108

€–€€ | **Seven Wives Inn** Sehr freundliches Bed & Breakfast mit vornehm eingerichteten Zimmern in historischem Haus. Ins Zentrum von St. George sind es nur wenige Schritte. ■ 217 N 100 West St, St. George, UT 84770, Tel. 435 628 37 37, www.seven wivesinn.com

€€–€€€ | **Zion Lodge** Die einzige Unterkunft innerhalb des Zion National Park setzt auf die bewährte Mischung aus zurückgenommenem Komfort, rustikalem Gebäude und einfach unschlagbarer Lage. ■ Zion National Park, UT 84767, Tel. 435 772 77 00, www.zionlodge.com

Bryce Canyon NP 110

€€ | **The Lodge at Bryce Canyon** Bodenständige Lodge mit leicht altmodischen Zimmern in einem herrlichen Gebäude, das überwiegend aus Naturmaterialien gebaut wurde. Weder Fernseher noch Klimaanlagen stehen dem Naturgenuss im Weg, dafür erinnert das Anwesen an die Zeit vor Massentourismus und allgegenwärtigem Luxus. ■ Bryce Canyon National Park, Bryce, UT 84764, Tel. 435 834 87 00, www.brycecanyon forever.com

Moab 116

€€ | **Spring Hill Suites** Obwohl es zu einer Kette gehört, hat das Haus seine Vorzüge: Es ist in die Felsen eingebettet und verfügt über eine Badelandschaft. ■ 1865 N Highway 191, Moab, UT 84532, Tel. 435 355 00 42, www.marriott.com

€€–€€€ | **Sunflower Hill** Bed & Breakfast mit üppigem Garten, das auf ein Cottage und eine Ranch verteilt ist. Zu den öffentlichen Räumen gehören ein Lese- und ein Kaminzimmer. Das Interieur neigt wie bei fast allen amerikanischen B & Bs zur plüschigen Einrichtung. ■ 185 N 300 E St, Moab, UT 84532, Tel. 435 259 29 74, www. sunflowerhill.com

€€€ | **Sorrel River Ranch** Das edle Resort ist sanft in die herrliche Landschaft eingebettet und verfügt über alle Annehmlichkeiten. ■ Mile 17, Highway 128, Moab, UT 84532, Tel. 435 259 46 42, www.sorrelriver.com

Lake Powell 118

€€€ | **Amangiri** Atemberaubendes Anwesen mit kühnen Bauten, die sich elegant in die spektakuläre Natur einbetten. Mit umfassendem Spa-Angebot und Feinschmecker-Restaurant. ■ 1 Kayenta Rd, Canyon Point, UT 84741, Tel. 435 675 39 99, www.aman.com

Beim **ADAC Infoservice**, in den **ADAC Geschäftsstellen** sowie auf dem **Internetportal des ADAC** (www.adac.de) erhalten Sie Informationen zu den Dienstleistungen des Automobilclubs und zu Ihrem Reiseziel. Als **ADAC Mitglied** können Sie zudem das kostenlose **ADAC TourSet® USA West** und **ADAC TourSet® Kalifornien Nevada** mit vielen Reiseinfos und Karten anfordern oder die **TourSet App** auf dem **Smartphone** oder **Tablet-PC** installieren (www.adac.de/toursetapp).

Rufen Sie bei Notfällen und Pannen den **ADAC Notruf** bzw. den **ADAC Auslandsnotruf** an. Unser Team steht Ihnen rund um die Uhr zur Verfügung.

ADAC Infoservice

Tel. 0 800/510 11 12
Infos zu allen ADAC Leistungen
(Mo–Sa 8–20 Uhr, gebührenfrei)

ADAC Notruf Deutschland

Tel. 0 180/222 22 22
(24 Std., ca. 6 ct/Anruf, max. 42 ct/Min. aus deutschem Mobilfunknetz)

ADAC Notruf Mobil-Kurzwahl

Tel. 22 22 22
(Gebühren variieren je nach Netzbetreiber)

ADAC Auslandsnotruf

Tel. +49/89/22 22 22
(Gebühren variieren je nach Netzbetreiber und Land)

Internet-Serviceangebote des ADAC für Ihre Reiseplanung

Service	Webadresse
Aktuelle Verkehrslage	www.adac.de/verkehr
ADAC Routenplaner	www.adac.de/maps
Infos zu Tankstellen und Spritpreisen	www.adac.de/tanken
Infos zu mautpflichtigen Strecken	www.adac.de/maut
Infos zu Fährverbindungen	www.adac.de/faehren
ADAC TourMail (Aktuelle Infos vor Anreise)	www.adac.de/tourmail
Informationen für Camper	www.adac.de/camping
Informationen für Motorradfahrer	www.adac.de/motorrad
Informationen für Segler und Skipper	www.adac.de/sportschifffahrt
ADAC Reiseangebote	www.adacreisen.de
ADAC Autovermietung	www.adac.de/autovermietung
ADAC Versicherungen für den Urlaub	www.adac.de/versicherungen
Weltweite Preisvorteile für ADAC Mitglieder	www.adac.de/vorteile-international

Diese **Produkte des ADAC** könnten Sie interessieren: **ADAC Reiseführer Kalifornien**, **ADAC Reiseführer New York** und **ADAC Reiseführer Florida** – erhältlich im Buchhandel, bei den ADAC Geschäftsstellen und in unserem ADAC Online-Shop (www.adac.de/shop).

Anreise und Einreise

Flugzeug

Als einzige klassische Linienfluggesellschaft bedient die Lufthansa den Flughafen von Denver täglich von Frankfurt und München. Die Billigtochter Eurowings fliegt mehrmals wöchentlich ab Düsseldorf und München, die Charter-Gesellschaft Condor bedient die Strecke ab Frankfurt. Von Mai bis Oktober fliegt Condor zweimal pro Woche von Frankfurt nach Phoenix. Ab Zürich fliegt der Schweizer Ferienflieger Edelweiss mehrmals wöchentlich nach Las Vegas und Denver, ab Österreich existieren zurzeit nur Verbindungen mit mindestens einem Umstieg. Die Gesellschaften richten sich bei der Preisgestaltung nicht nur nach der Saison, sondern auch nach dem Grundsatz, dass Zeit Geld ist. Obwohl der Aufwand größer ist, sind **Umsteigeverbindungen** oft billiger. Vor allem bei Flugzeugwechseln in den USA können diese Verbindungen wegen des hohen Verkehrsaufkommens und der großen Flughäfen jedoch schon mal ins Wackeln geraten. Eine Nonstopverbindung kann daher ihren Aufpreis wert sein.

Einreise und Dokumente

Touristen aus Deutschland, Österreich und der Schweiz können sich dank des **Visa Waiver Program** von der allgemeinen Visumspflicht für die USA befreien lassen. Die Aufenthaltsdauer im Land ist auf 90 Tage beschränkt. Touristen müssen im Besitz eines maschinenlesbaren und mindestens sechs Monate gültigen Reisepasses sein. Zudem müssen sie sich vorab im Rahmen der sogenannten **ESTA** (Electronic System for Travel Authorization) registrieren

(https://esta.cbp.dhs.gov/esta). Hier werden Informationen zu Pass, Adresse, Beruf sowie zur ersten Adresse in den USA abgefragt. Die Beantwortung der Frage nach Social-Media-Profilen ist optional. Die Reisegenehmigung wird meist umgehend erteilt, gelegentlich kann es aber auch bis zu wenigen Tagen in Anspruch nehmen. Die Bearbeitung des ESTA-Antrags kostet 14 Dollar, danach ist das Papier zwei Jahre lang gültig. Allerdings entspricht die Erteilung der ESTA nicht automatisch einer Einreisegenehmigung, das letzte Wort haben die Beamten der Einwanderungsbehörde vor Ort.

Wer im Vorfeld der Reise einen Staat besucht hat, den die USA für eine potenzielle terroristische Bedrohung halten, ist vom Visa Waiver Program ausgeschlossen. Konkret handelt es sich um Iran, Irak, Jemen, Libyen, Somalia, Sudan und Syrien. Die Betroffenen müssen ein offizielles Visum beantragen. Dies gilt auch für Personen, die eine doppelte Staatsbürgerschaft mit Iran, Irak, Sudan oder Syrien besitzen.

In den Flughäfen haben sich die Wartezeiten in den vergangenen Jahren deutlich verkürzt, weil immer mehr Automaten zur Erfassung von Reisepass, Fingerabdruck und Augen-Scan eingesetzt werden.

Auto und Straßenverkehr

Führerschein und Papiere

Autofahrer benötigen in den USA einen internationalen Führerschein. Wer in einem Mietwagen unterwegs ist, sollte die entsprechenden Papiere stets griffbereit haben und diese vorzugsweise nicht im Handschuhfach lagern, da Polizisten dieses als mögliches Versteck von Waffen halten können.

Straßennetz und Sicherheit

Das Straßennetz im Südwesten der USA ist sehr gut ausgebaut. Weil Städte wie Phoenix und Las Vegas in einem atemberaubenden Tempo in teils gleichförmigen Siedlungen gewachsen sind, ist die Orientierung nicht einfach. Ein **Navigationsgerät** ist daher eine nahezu unerlässliche Hilfe. Wer länger als zwei Wochen in den USA unterwegs ist, sollte über die Anschaffung eines einfachen Geräts nachdenken. Das ist oft günstiger als der Aufpreis bei einem Mietwagen.

Tempolimits im Südwesten der USA

In den USA wird zwischen Autobahnen (Interstates, I), überregionalen Bundesstraßen (US Highways, US), Staatsstraßen (State Routes, SR) und Landstraßen (County Roads, CR) unterschieden. Wenn die Höchstgeschwindigkeit nicht gesondert ausgewiesen ist, beträgt sie 55 Meilen pro Stunde. Autofahrer sind gut beraten, sich akribisch daran zu halten, da sie so Bußgeldern aus dem Weg gehen.

Tempolimits

Straße	Tempolimit
vierspurige Interstates	max. 75 m/h, in Nevada und Utah bis zu 80 m/h
zweispurige Überlandstraßen	55–65 m/h
Innerorts	20–30 m/h, in Utah und Colorado bis 35 m/h
vor Schulen	20 m/h

Verkehrsvorschriften

Das Autofahren in den USA unterscheidet sich in einigen Aspekten deutlich vom europäischen Verkehr.

Das betrifft einmal das Rechtsabbiegen, das an roten Ampeln gestattet ist, außer wenn ein Schild dies ausdrücklich untersagt. Außerdem gibt es viele Kreuzungen, bei denen an jedem Eckpunkt ein **Stoppschild** steht. Beim Passieren der Kreuzung wird exakt jene Reihenfolge eingehalten, in der die Autofahrer angekommen sind. Bei Unklarheiten verständigt man sich per Handzeichen.

Wichtig ist weiterhin die Beachtung des strengen Überholverbots bei haltenden Schulbussen. Besonders genau sollten Autofahrer auch die Tempolimits bei Baustellen beachten, wo aufgrund der Anwesenheit von Arbeitern oft doppelte Bußgelder fällig werden.

Das **Überholen** ist in weiten Teilen der USA auch rechts gestattet, Autofahrer allerdings sind zum Rechtsfahren angehalten. Spuren für sogenannte »car pools« dürfen nur von Autos mit mindestens zwei Insassen benutzt werden. Der Transport von alkoholischen Getränken in der Fahrerkabine ist verboten. Als Promillegrenze gilt ein Wert von 0,8. Kinder unter zwölf Jahren dürfen niemals allein im Auto gelassen werden.

Tanken

An den meisten Tankstellen kann man ohne fremde Hilfe tanken und per Kreditkarte und gelegentlich per Girocard (Maestro) zahlen. Oktanzahl und Art des Kraftstoffs sind an den Zapfsäulen deutlich sichtbar. Sobald die Kreditkarte verifiziert ist, muss an der Zapfsäule eine Sicherung gelöst werden, danach kann der Kraftstoff fließen. Zur Identifizierung muss neuerdings aus Sicherheitsgründen häufig eine Postleitzahl eingegeben werden.

Deutsche Kreditkarten werden gelegentlich abgelehnt. In diesem Fall müssen Kunden an der Tankstellenkasse vorausbezahlen (»full« oder für einen bestimmten Dollarbetrag).

Parken

Park- und Halteverbote sind entweder in Form von Schildern oder durch den Anstrich des Bürgersteigs markiert. Rot steht für absolutes Halteverbot, gelb oder schwarz steht für eine Haltezone. Blau markierte Abschnitte sind Menschen mit Behinderungen vorbehalten. An weißen oder grünen Flächen gelten Haltezeiten von wenigen Minuten innerhalb der Geschäftszeiten. Die klassische Parkuhr ist mittlerweile weitgehend ausgestorben. Dafür sind Autofahrer angehalten, an Automaten für ein bestimmtes Zeitfenster im Voraus zu bezahlen, wobei das Nummernschild zur Identifizierung eingegeben werden muss.

Maut

Nur auf wenigen Straßen des Südwestens werden Mautgebühren fällig. In den in diesem Buch vorkommenden Regionen ist diesbezüglich lediglich die Umgehungsstraße E-470 nennenswert, die den Süden des Großraums Denver mit dem Flughafen verbindet. Die Straße kann aber über den I-70 und I-225 leicht umfahren werden.

Unfall

Bei einem Unfall rufen Sie die Polizei unter 911, sichern die Unfallstelle und fotografieren die beteiligten Wagen. Verlassen Sie den Ort nur, wenn kein Personenschaden vorliegt. Sonst liegt Fahrerflucht vor.

Zentralruf der Autoversicherer Auskunftsstelle / GDV

▪ Auskunftsstelle/GDV, Glockengießerwall 1, 20095 Hamburg, Tel. 0800/ 250 26 00, +49/40/300 33 03 00, www. gdv-dl.de

Tankstelle in der alten Goldgräberstadt Oatman an der Route 66

Festivals und Events

Januar

Autoversteigerungen (Mitte Jan., www.barrett-jackson.com, www.russoandsteele.com) Mit den Auktionen von Barrett-Jackson und Russo & Steele finden in Scottsdale die größten Versteigerungen statt.

März

St. Patrick's Day Parade (16. März, www.denverstpatricksdayparade.com) In Denver findet eine riesige Parade zu Ehren von St. Patrick statt.

Balloon Fiesta bei Albuquerque

April

Gathering of the Nations Powwow (Ende April, www.gatheringofnations.com) In Albuquerque kommen Tausende Mitglieder von 565 indigenen Völkern zusammen.

Mai

Route 66 Fun Run (erstes Mai-Wochenende, www.visitarizona.com) Nostalgiker huldigen zwischen Seligman, AZ, und der kalifornischen Grenze der Route 66.

Juni

Pikes Peak International Hill Climb (letzter Juni-Sonntag, www.ppihc.org) Autorennen auf den 4302 m hohen Berg. Die Bestzeit hält Walter Röhrl.

Juli

UFO-Festival (Anfang Juli, www.ufofestivalroswell.com) Roswell feiert seinen Status als internationale Hauptstadt unbekannter Flugobjekte und übernatürlicher Phänomene.

August

Moab Music Festival (Ende Aug.–Mitte Sept., www.moabmusicfest.org) Von Kammermusik über Folk bis zu Jazz und Latin treten Künstler in der erhabenen Umgebung auf.
Santa Fe Indian Market (Mitte Aug., www.swaia.org) Seit 1922 ist Sante Fe Schauplatz des größten Markts indigener Völker.

September

Burning Man (Ende Aug.–Anfang Sept., www.burningman.org) Bizarres Festival in der Black Rock Desert Nevadas mit viel Musik und Kunst.
Great American Beer Festival (Ende Sept., www.greatamericanbeerfestival.com) Mehr als 800 Brauereien präsentieren an drei Tagen in Denver bis zu 4000 Biersorten.

Oktober

Balloon Fiesta (Anfang Okt., www.balloonfiesta.com) Mehr als 500 Ballons schweben bei Albuquerque über der Wüste.
Sedona Arts Festival (Mitte Okt., www.sedonaartsfestival.org) 125 Künstler zeigen vor der Kulisse der Red Rocks ihre Arbeiten.

Verkehrsschilder

Die Beschilderung in den USA entspricht der europäischen Logik. Wichtig ist vor allem die Beachtung von Stoppschildern, wenn diese am unteren Rand mit dem Zusatz »3-way« oder »4-way« ausgestattet sind. Dann genießt das zuerst ankommende Fahrzeug Vorfahrt.

Barrierefreies Reisen

Die USA sind in puncto Barrierefreiheit recht weit fortgeschritten. Viele Attraktionen, Hotels, Restaurants und auch einige Parks sind mit dem Rollstuhl zugänglich. Die Nationalparks haben einen strategischen Plan zur Verbesserung der Zugänglichkeit aufgelegt.

 www.nps.gov, Stichwort »accessibility«

Diplomatische Vertretungen

Generalkonsulat der Bundesrepublik Deutschland Los Angeles

■ 6222 Wilshire Blvd (Suite 500), Los Angeles, CA 90048, Tel. 323 930 27 03, www.germany.info/us-de, Mo–Fr 8–11 Uhr

Österreichisches Generalkonsulat Los Angeles

■ 11859 Wilshire Blvd (Suite 501), Los Angeles, CA 90025, Tel. 310 444 93 10

Schweizerisches Konsulat San Francisco

■ Pier 17 (Suite 600), San Francisco, CA 94111, Tel. 415 788 22 72, www.eda.admin.ch/sf, Mo–Fr 9–12 Uhr

Feiertage

An Feiertagen (»bank holidays«) sind Behörden, Banken und viele Büros geschlossen, die meisten Läden jedoch sind geöffnet.

1. Januar (Neujahr), 3. Mo im Januar (Martin Luther King Day), Ostern (Karfreitag, Ostersonntag, Ostermontag), 1. Mo im Mai (Memorial Day), 4. Juli (Independence Day), 1. Mo im September (Labour Day), 2. Mo im Oktober (Columbus Day), 11. November (Veteran's Day), letzter Do im November (Thanksgiving), 25. Dezember (1. Weihnachtstag)

Geld und Währung

Wechselkurse (Stand: 07/2018)

1 $	0,85 €
10 $	8,50 €
100 $	85 €
1 €	1,17 $
10 €	11,70 $
100 €	117 $

Landeswährung ist der US-Dollar ($). Ein Dollar besteht aus 100 Cent. Münzen existieren als 1, 5, 10 und 25 Cent. Banknoten werden als 1-, 5-, 10-, 20-, 50- und 100-Dollar-Scheine ausgegeben. Der Wechselkurs schwankt zum Teil erheblich. Die Bezahlung ist in den USA fast überall auch mit den gängigen Kreditkarten möglich. Diese ist zur Bezahlung von Hotelzimmern oder Mietwagen sogar unerlässlich.

Bargeld kann an **ATMs** (»Automatic Teller Machines«) sowohl mit der Girocard (auf das Maestro-Symbol achten) als auch mit Kreditkarten abgehoben werden. Die Gebühr beträgt um die fünf Euro pro Transaktion. ATMs sind auch in Läden und Tankstellen zu finden. Banken sind meist Mo–Fr von 9–16 Uhr geöffnet.

Wechselstuben sind vornehmlich an Flughäfen und in großen Shoppingmalls angesiedelt.

Kosten im Urlaub
(durchschnittliches Preisniveau)

Tasse Kaffee	3 $
Softdrink	2,50 $
Glas Bier (0,4 l)	5 $
Glas Wein (0,2 l)	7 $
Hauptgericht (Restaurant)	18 $
Eintritt Museum	10 $
Mietwagen / Tag	30 $

Gesundheit

Die medizinische Versorgung in den USA entspricht deutschen Standards, auf dem Land jedoch können die Wege ins nächste Krankenhaus sehr weit sein. In der Notaufnahme der Krankenhäuser (»Emergency Rooms«) müssen alle Patienten behandelt werden. Weil die Rechnungen sofort zu begleichen sind, wird von Europäern die Vorlage einer Kreditkarte verlangt. Damit die Kosten zurückerstattet werden, ist der Abschluss einer **Auslandskrankenversicherung** empfehlenswert. Impfungen sind nicht erforderlich. Sonnenschutz und Insektenschutz sind hingegen unerlässlich. Die Luft ist an den meisten Orten sehr trocken. Insbesondere in Höhenlagen und in der Wüste muss der Körper mit reichlich Wasser versorgt werden.

Medikamente sind in Pharmacys oder in Drugstores erhältlich. Schmerzmittel, Nasentropfen und Ähnliches gehören auch zum Sortiment von Supermärkten.

Haustiere

Prinzipiell ist es möglich, Haustiere in die USA mitzunehmen. Die Reisezeit ist für Tiere allerdings sehr lang und unkomfortabel. Die Tiere müssen in einem guten Gesundheitszustand sein. Dies wird bei der Einreise überprüft. Bei Hunden ist ein Impfpass (inkl. Tollwutimpfung) unumgänglich, bei Katzen ein ärztliches Gesundheitszeugnis. Die Bedingungen für den Transport variieren je nach Fluggesellschaft. Allgemeine Informationen und Einschränkungen gibt es unter www.estaantrag.com/haustiere.

Information

Viele Touristendestinationen unterhalten weiterhin Visitor Centers. Das gilt auch für die Nationalparks, wo Besucher alle wichtigen Informationen erhalten. In Hotels, Restaurants und Attraktionen liegen nach wie vor Hunderte Flyer aus. Die Tourismusbüros bieten viele Informationen und Adressen zur Reisevorbereitung – fast alle auch auf Deutsch. Die Adressen der wichtigsten Büros finden Sie jeweils zu Beginn der Ortsbeschreibung in diesem Reiseführer.

- www.visitarizona.com
- www.colorado.com/deutsch
- www.travelnevada.de
- www.newmexico.org
- www.visitutah.com/de
- www.visittheusa.de

Klima und beste Reisezeit

Der Südwesten ist allein durch seine Größe und Topografie ein ganzjährig attraktives Reiseziel. Allerdings gibt es aufgrund der **hohen Temperaturunterschiede** erhebliche Einschränkungen: Die Werte rangieren je nach Jahreszeit und Region zwischen -30 Grad auf den Gipfeln der Rocky Mountains und mehr als 50 Grad im Death Valley. Selbst im Großraum Phoenix sind Sommertemperaturen von 45 Grad im Schatten keine Seltenheit. Europäer lassen sich davon nicht abschrecken: Sie suchen in den Sommerferien alle Regionen des Südwestens auf. Die meisten Amerikaner hingegen kommen ins Tiefland Arizonas nur von Mitte Dezember bis Anfang Mai. In den Bergen Nevadas, Colorados, New Mexicos, Utahs und mit Abstrichen auch Arizonas ist der Bewegungsradius aufgrund von Eis und Schnee von Dezember bis April eingeschränkt. Bei der Reiseplanung sollte darauf geachtet werden, ob **Passstraßen** geschlossen sind.

Klimatabelle Las Vegas

Monat	Luft (°C) (min./ max.)	Sonne (h/Tag)	Regen- tage
Jan.	14/1	8	2
Feb.	17/4	9	2
März	20/7	10	2
April	25/10	12	1
Mai	31/16	13	1
Juni	38/21	13	1
Juli	41/25	13	2
Aug.	40/23	12	2
Sept.	35/19	11	1
Okt.	28/12	10	1
Nov.	20/6	8	1
Dez.	14/1	8	2

Temperaturen werden in den USA in Fahrenheit (°F) angegeben.

Umrechnung °C in °F

$$°C = (°F - 32) / 1,8$$
$$°F = °C \times 1,8 + 32$$

Temperaturen °C und °F im Vergleich

°C	°F
0°	32°
10°	50°
15°	59°
20°	68°
25°	77°
30°	86°
35°	95°
40°	104°

Maße und Gewichte

1 inch (in.)	2,54 cm
1 foot (ft.)	12 in. = 30,48 cm
1 yard (yd.)	3 ft. = 91,44 cm
1 mile (mi.)	1760 yd. = 1,609 km
1 fluid ounce (fl.oz.)	29,57 ml
1 pint (pt.)	16 fl.oz. = 0,47 l
1 quart (qt.)	2 pt. = 0,95 l
1 gallon (gal.)	4 qt. = 3,79 l
1 ounce (oz.)	28,35 g
1 pound (lb.)	16 oz. = 453,59 g

Medien

Wer sich lieber mittels einer Tageszeitung über Neuigkeiten informiert als mit dem Tablet, muss keine Einschränkungen befürchten: Print-Medien erscheinen in allen Städten und Regionen. Die größten Auflagen haben die konservative »Arizona Republic« (www.azcentral.com), die liberale »Denver Post« (www.denver post.com) und die liberale »Las Vegas Sun« (www.las vegassun.com). Für aktuelle Termine eignet sich in Phoenix die kostenlos ausliegende »Phoenix New Times«.

Nachtleben

Das Nachtleben ist in den fünf südwestlichen Bundesstaaten hochgradig unterschiedlich. In Las Vegas gehören Partys natürlich zur Existenzberechtigung, die Stadt schläft praktisch nie. Auch in Denver, Phoenix, Scottsdale, Reno, Santa Fe und Albuquerque sind Clubs und Bars vor allem an den Wochenenden bis tief in die Nacht geöffnet. In den ländlichen Gebieten hingegen werden oft schon um 21 Uhr die Bürgersteige hochgeklappt. Aufgrund des Mindestalters für den Alkoholkonsum haben Personen unter 21 Jahren grundsätzlich keinen Einlass.

Notfall

Wählen Sie in einem Notfall die **Nummer 911**. Anschließend werden Sie je nach Bedarf direkt mit der Polizei, einem Krankenwagen oder der Feuerwehr verbunden.
ADAC-Mitglieder können sich in Notfällen auch rund um die Uhr an den **Auslandsnotruf des ADAC** unter der Telefonnummer +49/89/222222 wenden. Bei Bedarf werden auch Dolmetscher vermittelt.

Öffnungszeiten

Die Öffnungszeiten der Läden liegen ganz im Ermessen der Betreiber. In Einkaufszentren ist das oft werk- und samstags von 10–21 Uhr sowie 11–18 Uhr an Sonntagen. Supermärkte und Drug Stores sehen nicht selten ganz davon ab, ihre Pforten zu schließen. Generell gilt: Wo viel Publikum ist, sind die Läden fast immer bis spät am Abend geöffnet.

Post

US Postal Service unterhält an vielen Orten Filialen (werktags 8–17, 10–13 Uhr). Das Porto für eine Postkarte nach Europa beträgt aktuell 1,15 Dollar.
■ USPS, www.usps.com

Rauchen, und Alkohol

In allen öffentlichen Gebäuden sowie in Restaurants ist das **Rauchen** generell verboten. In National- und Naturparks ist es ebenfalls nicht gestattet. Ein vollständiges Rauchverbot allerdings existiert nicht: So wird in den Casinos Nevadas bis heute exzessiv geraucht. Der öffentliche Konsum von **Marihuana** ist auch in Colorado und Nevada verboten, obwohl die weiche Droge dort kontrolliert verkauft wird. **Alkohol** wird in den USA erst ab 21 Jahren ausgeschenkt. Beim Verkauf von Rauchwaren und Alkohol wird auch bei Personen in sichtbar höherem Alter das Vorzeigen des Ausweises verlangt.

Sicherheit

Der Südwesten ist grundsätzlich eine sichere Reiseregion. Allerdings gilt es einige Regeln zu beachten. Vor allem in den Großstädten Las Vegas, Reno, Phoenix, Denver und Albuquerque gibt es Gegenden, in denen man nachts auf keinen Fall zu Fuß unterwegs sein sollte. Dies ist abseits belebter Innenstädte oder ausgewiesener Touristenregionen in den gesamten USA unüblich und kann als solches bereits den Verdacht von Polizeibeamten auslösen. Als sicherer Indikator für eine schlechte Gegend mit potenziell erhöhter Kriminalitätsrate darf außerdem gelten, wenn sich Gitterstäbe vor den Fenstern befinden. Im Fall eines Konflikts ist man gut beraten, die Sache nicht eskalieren zu lassen und das Weite zu suchen, da der Einsatz von Schusswaffen in den USA bis heute weitverbreitet ist.

Auch in der **freien Natur** gilt es einige Hinweise zu beachten. Klapperschlangen sind zum Beispiel weitverbreitet, weshalb festes Schuhwerk bei Wanderungen unverzichtbar ist. Auch Begegnung mit Schwarzbären, Berglöwen, Elchen und Hirschen (in der Brunftzeit) können problematisch sein. Fragen Sie vor Outdoor-Aktivitäten immer Einheimische, welche Art von Begegnungen möglich sind und wie man darauf reagiert.

Sport

Angeln

Angeln ist in den USA sehr beliebt. In allen fischreichen Gewässern wird der Sport ausgeübt, wobei in den Bergen besonders das Fliegenfischen populär ist. Zum Angeln ist eine Erlaubnis erforderlich, die in Fachgeschäften auch tageweise erworben werden kann. Hierzu ist ein Ausweis vonnöten.

Golf

Auch Golfspieler können im Südwesten aus einer großen Anzahl von Plätzen auswählen. Absoluter Spitzenreiter ist der Großraum Phoenix, wo mehr als 185 überwiegend mit 18 Löchern ausgestattete Plätze locken. Die Hauptsaison läuft von Anfang Dezember bis Mitte April. Die Greenfees variieren stark, sind aber mit Preisen um die 50 Dollar oft deutlich günstiger als in Europa.

 www.phoenixgolfsource.com

Radfahren

Leihfahrräder sind in Städten wie Denver und Scottsdale beliebte Verkehrsmittel, zum Teil sind dort auch markierte Radwege vorhanden. Auch Mountainbiking ist in vielen Gebieten sehr populär. Abenteurer können etwa den 4302 m hohen Pikes Peak hinabfahren (www.bikepikespeak.com) oder die Panoramastraßen des Outdoor-Drehkreuzes Moab testen (www.discovermoab.com/road-biking).

Reiten

Ausritte in den markanten Landschaften des Südwestens sind ein unvergessliches Erlebnis. Sie werden vielerorts auch für Anfänger angeboten. Geritten wird im Westernsattel auf in der Regel sehr gut ausgebildeten Pferden, die geduldig in Kolonne einen Parcours absolvieren, mit dem sie vertraut sind. Gute Ablaufstellen sind in der Regel die Dude Ranches, die Touristen Cowboy-Erfahrungen anbieten.

■ www.utah.com/horseback-riding oder www.colorado.com, Stichwort »horseback riding trips«

Skilaufen und Snowboarden

Es mag nicht der erste Gedanke sein, der sich aufdrängt. Doch alle fünf Staaten des Südwestens verfügen über exzellente Skigebiete. Die Saison dauert ähnlich wie in den Alpen von Anfang Dezember bis in den April hinein. Tolle Gebiete sind Taos (New Mexico, www.skitaos.com), Diamond Peak (Nevada, www.diamondpeak.com), Vail (Colorado, www.vail.com), Arizona Snow Bowl (www.snowbowl.ski) oder Brian Head (Utah, www.brianhead.com). Schon ein Tag im Schnee kann zu einer unvergesslichen Bereicherung eines Trips werden.

Wandern

Das Wandern ist in den sportverrückten USA populär wie nie zuvor. Gut ausgebaute Wege sind in allen Parks und Nationalparks vorhanden. Angesichts der extremen Temperaturen sollte man immer reichlich Wasser (ca. vier Liter pro Person und Tag) mitnehmen. Auch festes Schuhwerk (Achtung: Klapperschlangen!), Sonnenschutzmittel und Kopfbedeckung sind unverzichtbar.

 www.americanhiking.org

Strom und Steckdose

Die amerikanischen Stromanschlüsse sind auf **110–120 Volt** ausgelegt. Mindestens zwei Adapter pro Person sind empfehlenswert.

Telefon und Internet

Im Zeitalter der Smartphones ist die transatlantische Kommunikation ein Leichtes. Alle gängigen Mobiltelefone sind mit entsprechenden SIM-Karten auch in den USA einsetzbar. Die Kosten für Telefonate von oder nach Europa übermittelt der Anbieter in der Regel per SMS aufs Gerät, sobald dieses erstmals auf fremdem Boden eingeschaltet ist. Günstiger kann es sein, für die Dauer des Aufenthalts eine **Prepaid-Karte** zu erwerben.

Amerikanische Rufnummern bestehen aus sieben Ziffern und einer dreistelligen Vorwahl. Die Nummern funktionieren neuerdings auch mit europäischen Smartphones, ohne dass die lange Zeit obligatorische 1 davor gewählt werden muss.

Fast alle Hotels und Ferienunterkünfte im Südwesten sind mit Internetanschlüssen ausgestattet, die meisten verfügen über **WLAN** (Wi-Fi). Für Gäste ist das in aller Regel kostenlos, nur wenige Hotelketten kassieren für diese Leistung ab (bei der Buchung darauf achten). Die meisten Restaurants, Attraktionen und Themenparks bieten ebenfalls kostenloses WLAN an – im Zweifelsfall fragen Sie einfach nach dem Passwort. Praktisch, aber nach wie vor kostspielig sind mobile Datendienste über den Smartphone-Anbieter. Ein marktüblicher Tarif sind 15 Euro für 150 MB. Achten Sie daher unbedingt darauf, die Roaming-Funktion generell ab- und nur im Bedarfsfall einzuschalten.

Vorwahlen von/nach

 D, A, CH – USA: 001
■ USA – D: 011 49
■ USA – A: 011 43
■ Deutschland: 00 49
■ USA – CH: 011 41

Trinkgeld

Die Angestellten von Gastronomie, Hotellerie und Tourismusindustrie werden oft nur mit dem gesetzlich vorgeschriebenen Mindestlohn bezahlt. Ihr wahres Auskommen verdienen sie mit den Trinkgeldern. Auch wenn das für Europäer schwer zu akzeptieren sein mag, belaufen sich diese in Restaurants gegenwärtig standardmäßig auf mindestens 15 Prozent der Rechnung. Wer seine Zufriedenheit angemessen zum Ausdruck bringen möchte, legt demnach 20 Prozent auf den ausgewiesenen Betrag drauf. Um den Kunden das Kopfrechnen zu ersparen, drucken viele Restaurants heute ganz forsch drei mögliche Summen (18, 20 und 22 Prozent) auf dem Beleg aus. Auch Tour-Guides erwarten

Recreational Vehicles auf einem Campingplatz im Valley of Fire State Park, Nevada

einige Dollar Trinkgeld. Zimmermädchen, Kofferträger und die Bediensteten von Valet Parking freuen sich über Dollarnoten.

Umgangsformen

Die Amerikaner im Südwesten sind grundsätzlich sehr offen und freundlich. Deutschsprachige werden gern mit Anekdoten über Ahnen, eigene Reisen oder einem Kurzgespräch über die Vorzüge der deutschen Autobahn begrüßt. Die allgemeine **Lockerheit** überträgt sich auch auf den Dresscode: Fast immer ist legere Kleidung angesagt. Gleichwohl gehört es zum guten Ton, in Restaurants und Bars »shoes and shirt« zu tragen. Das Baden ohne Kleidung (auch ohne Oberteil) ist verpönt und nicht gestattet. Wer in den USA nicht anecken möchte, ist außerdem gut beraten, auf leidenschaftliche Diskussionen über Parteipolitik zu verzichten. Zuletzt haben Einheimische jedoch immer häufiger ihre Zufriedenheit über ihren aktuellen Präsidenten geäußert, das darf als Einladung zur Diskussion verstanden werden.

Unterkunft und Hotels

Camping

Wer gern campen geht, kommt im Südwesten voll auf seine Kosten. So gut wie alle Nationalparks und State Parks verfügen über simple, aber toll gelegene und daher weit im Voraus ausgebuchte Zelt- und Campingplätze. Die Anlagen des kommerziellen Marktführers **KOA** (www.koa.com) sind gut gepflegt und mit allen Annehmlichkeiten ausgestattet.

Ferienwohnungen

Ferienwohnungen von kommerziellen Anbietern und privat vermietete Domizile sind in allen Preisklassen verfügbar (ab ca. 40 Dollar/Nacht). In besonders touristischen Regionen ist die Vermietung privater Wohnungen mit starken Einschränkungen verbunden, damit das Leben vor Ort nicht großspurig vom Tourismus beeinflusst wird. Ganze Pakete schnüren erfahrene Anbieter wie Argus Reisen (www. argusreisen.de).

◼ Deutschsprachige Websites: www.wimdu.de, www.fewo-direkt.de, www.airbnb.de

Hotels und Pensionen

Allein Las Vegas zählt fast 150 000 Hotelzimmer – die Gesamtzahl in den fünf Staaten beträgt ein Vielfaches. Grundsätzlich werden die Häuser nach dem gängigen System mit einem bis zu fünf Sternen bewertet. Dies sagt aber wenig über die tatsächliche Qualität, Ausstattung, Sauberkeit und somit auch über den Preis aus. Auch ein Zweisternehotel kann hochpreisig und erstklassig sein – im Zweifelsfall fehlen dann Annehmlichkeiten wie ein Pool oder ein Wellness-Bereich. Die allermeisten Hotelzimmer verfügen über einen Kühlschrank, dessen Lautstärke Europäer irritieren kann, zumal das Gerät außer in einigen Fünfsternehotels leer ist und der Kühlung allein selbst mitgebrachter Getränke und Speisen dient. Besonders in hochklassigen Häusern wird eine »resort fee« auf den Preis aufgeschlagen, die mit 30–50 Dollar/Nacht zu Buche schlägt. Die Gebühr beinhaltet Parken, Internet, Pool-Handtücher, Wasser und andere schwer verzichtbare Kleinigkeiten. Preiswert und vor allem für einen Roadtrip zweckmäßig sind gemeinhin die an den Ausfallstraßen und Autobahnabfahrten gelegenen Motels.

Eine Besonderheit im Südwesten sind die sogenannten **Dude Ranches**, die dem Besucher ein Cowboy-Erlebnis gestatten. Reiten, Bogenschießen, Barbecues und ähnliche Aktivitäten gehören zum Programm.

Auch **Bed & Breakfasts** sind weit verbreitet. Diese sind in den USA meist klein, intim und von freundlichen Eigentümern geführt. Der Amerikaner aber verknüpft mit dem Begriff die Erwartungshaltung einer viktorianischen Villa mit entsprechender Einrichtung, weshalb die Häuser oft eine etwas plüschige bis altmodische Anmutung haben.

◼ Eine unvollständige Übersicht bietet www.bedandbreakfast.com

 Verkehrsmittel im Land

Bus und Bahn

Urlaub mit Bus und Bahn ist im Südwesten zwar theoretisch möglich, aber nur dann ein Vergnügen, wenn der Genuss der Landschaft im Vordergrund steht. Die Züge des Eisenbahnverbunds **Amtrak** (www.amtrak.com) fahren mehrmals wöchentlich von Denver nach Reno (Tickets ab 129 $). Die Verspätung kann manchmal Tage betragen, weil Güterzüge in den USA immer Vorfahrt genießen.

Die Fernbusse von **Greyhound** (www. greyhound.com) gelten derweil als zuverlässig und preiswert. Fast alle größeren Städte im Südwesten der USA sind Teil des Streckennetzes. Wer die Art des Reisens mag, kommt bei früher Buchung binnen neun Stunden ab 15 Dollar von Phoenix nach Las Vegas.

Flugzeug

Die Distanzen im Südwesten sind groß. Die einfache Strecke von Las Vegas nach Denver beträgt 1200 km, von Reno nach Santa Fe sind es 1700 km. Wer es eilig hat, kann alternativ aufs Flugzeug ausweichen. So gut wie jede Stadt verfügt wenigstens über einen Regionalflughafen. Die Flüge sind allerdings vor allem auf Nebenstrecken ziemlich teuer.

Flüge buchen Sie am besten über die Website der Fluggesellschaften. Für Gabelflüge von und nach Deutschland konsultieren Sie am besten ein Reisebüro.

Mietwagen

Für einen entspannten Urlaub im Südwesten ist der Mietwagen im Prinzip unerlässlich. Die Preise beginnen bei rund 200 Euro pro Woche für Kleinwagen. Cabrios, SUVs oder Kleinbusse werden mit bis zu 1000 Euro pro Woche veranschlagt. Generell gilt es zu beachten, dass die amerikanischen Autovermieter wegen der großen Konkurrenz und ihrer geringen Gewinnmargen mit allen Mitteln zusätzliches Geld zu erwirtschaften versuchen. Dies beginnt bei Zusatzversicherungen und endet bei Navigationsgeräten oder Pannenhilfe. Prüfen Sie vorab sorgfältig, ob und in welchem Umfang Sie zusätzliche Dienste in Anspruch nehmen möchten.

Die Mietwagen werden in der Regel am Flughafen in Empfang genommen. Wer nur tageweise mieten möchte, findet auch in den Städten zahlreiche Stationen. Wer sich auf abenteuerliche Wege abseits asphaltierter Straßen begeben möchte, sollte die Anmietung eines Wagens mit Allradantrieb (»four wheel drive«) prüfen. Die Abgabe an einem anderen Ort ist bei vielen Anbietern möglich, muss aber teuer bezahlt werden: Für die sogenannte Einwegmiete wird ein Aufpreis von mindestens 400 Euro fällig.

■ Für Mitglieder bietet die ADAC Autovermietung günstige Konditionen an. Buchung in allen ADAC-Geschäftsstellen, Tel. 089/76 76 20 99, www.adac.de/autovermietung

Zeitverschiebung

In Arizona und Nevada gilt die **Pacific Time**. Die Zeitverschiebung mit Deutschland, Österreich und der Schweiz beträgt minus neun Stunden. In Colorado, New Mexico und Utah gilt die **Mountain Time** mit einer Zeitverschiebung von minus acht Stunden. Die Sommerzeit (»daylight saving time«) beginnt und endet in den USA oft zwei Wochen vorher beziehungsweise später als in Europa.

Zollbestimmungen

Die Einfuhr von bestimmten Lebensmitteln (zum Beispiel Fleisch, Wurst, Obst und Gemüse) in die USA ist strikt verboten. Reisende über 21 Jahren dürfen einen Liter Alkohol einführen. Wer aus den USA nach Deutschland oder Österreich reist, darf Waren im Wert von 430 Euro (Jugendliche 175 Euro) abgabenfrei mit nach Hause nehmen. Für Schweizer liegt das Limit bei 300 Franken. Die Waren müssen für den privaten Gebrauch vorgesehen sein. Tabakwaren und Alkohol fallen nicht unter diese Wertgrenze und bleiben in bestimmten Mengen abgabenfrei.

■ www.zoll.de, www.bmf.gv.at/zoll, www.zoll.ch

Die Geschichte des Südwestens

15 000 v. Chr. Sogenannte Paläo-Indianer gelangen von Sibirien aus über die Beringstraße nach Nordamerika und breiten sich dort aus.

600–1300 n. Chr. Das Volk der Anasazi gründet in Felsenbehausungen des heutigen Mesa Verde National Park eine Hochkultur.

um 1000 n. Chr. Das Volk der Pueblos beginnt bei Taos mit der Errichtung einer mehrstöckigen Siedlung, die bis heute bewohnt ist.

Ruinen des Cliff Palace der Anasazi im Mesa Verde National Park, Colorado

1598 Aus Mexiko kommend, gründet der Spanier Juan de Oñate gemeinsam mit 500 Siedlern ein erstes spanisches Dorf in New Mexico.

1609 Santa Fe wird von spanischen Siedlern gegründet. Die Stadt nennt sich bis heute »America's oldest Capital«.

1680 Konflikte mit den indigenen Völkern führen zur sogenannten Pueblo-Revolte.

ab 1820 Angloamerikanische Siedler dringen immer weiter in den Südwesten vor. Sie erheben Besitzansprüche auf Land und Bodenschätze. Auseinandersetzungen mit den indigenen Völkern sind an der Tagesordnung, wobei Letztgenannte hoffnungslos unterlegen sind. In brutalen Kriegen werden ganze Völker ausgerottet, andere werden deportiert.

1846–1848 Durch den Mexikanisch-Amerikanischen Krieg wächst das Territorium der USA bis zum Pazifik.

1847 Verfolgte Mormonen kommen in Utah an und gründen Salt Lake City.

1869 Die Zivilisationsgrenze (»frontier«) verlagert sich immer weiter in Richtung Westen. 1869 wird die erste transkontinentale Eisenbahnlinie zur kalifornischen Küste fertiggestellt.

1912 Arizona und New Mexico treten als letzte Staaten des sogenannten »Lower 48« den USA bei. 1959 folgen nur noch Hawaii und Alaska.

1919 Der Grand Canyon wird zum 15. Nationalpark der USA ausgerufen, damit fällt zugleich der Startschuss für den Tourismus.

1926 Die Route 66 wird als erste durchgängig befahrbare Autostraße an die Westküste fertiggestellt. 1938 sind die letzten Abschnitte asphaltiert.

1943–45 In Los Alamos, New Mexico, entwickeln Robert Oppenheimer und sein Team die Atombombe.

1973 Mit der Eröffnung des MGM Grand beginnt in Las Vegas das Zeitalter der Casino-Resorts.

2014 Colorado legalisiert den kontrollierten Verkauf von Marihuana, Nevada schließt sich 2017 an.

2018 Präsident Trump plant weiterhin den Bau einer Mauer an der mexikanischen Grenze. Vielerorts werden im Inland zweite Grenzposten eingerichtet.

Englisch für die Reise

Das Wichtigste in Kürze

Ja/Nein	*Yes/No*
Bitte/Danke	*Please/Thank you*
Hallo!/Auf Wiedersehen!	*Hello!/Good bye!*
Guten Tag!	*Good morning!/Good afternoon!*
Guten Abend!/Gute Nacht!	*Good evening!/Good night!*
Mein Name ist …	*My name is …*
Entschuldigung!	*Excuse me!*
Achtung!/Vorsicht!	*Attention!/Caution!*
Ich verstehe Sie nicht.	*I don't understand you.*
Wie viel kostet …?	*How much is …?*
Wo sind die Toiletten?	*Where is the lavatory?*
Damen/Herren	*Ladies/Gentlemen*
geöffnet/geschlossen	*open/closed*
gestern/heute/morgen	*yesterday/today/tomorrow*
Wie viel Uhr ist es?	*What time is it?*
Wo ist …?	*Where is …?*
Wie weit ist …?	*How far is …?*
Ist das der Weg nach …?	*Is this the way to …?*
geradeaus/links/rechts/zurück	*straight on/left/right/back*
nah/weit	*near/far*
Nord/Süd/West/Ost	*north/south/west/east*
Ich möchte …	*I would like …*
Hotel/Unterkunft	*hotel/accommodation*
Gepäck	*luggage*
Frühstück	*breakfast*
Mittagessen	*lunch*
Abendessen	*dinner*
Die Rechnung, bitte!	*The bill, please!*
Restaurant	*restaurant*
Auto	*car*
Parkplatz	*car park/parking space*
Tankstelle	*petrol station*
Benzin/Super/Diesel/Autogas (LPG)	*petrol/unleaded/diesel/liquid petroleum gas*
Panne	*breakdown*
Hilfe!	*Help!*
Fahrrad	*bicycle*
Hauptbahnhof	*main station*
Bushaltestelle	*bus stop*
Flughafen	*airport*
U-Bahn-Station	*subway station*
Zug	*train*
Schiff/Fähre	*ship/ferry*
Pass/Personalausweis	*passport/ID card*
Bank/Geldautomat	*bank/cashpoint (ATM)*
Polizeistation	*police station*
Arzt	*doctor*
Apotheke	*pharmacy*
Lebensmittelgeschäft	*food store*
Tourismusbüro	*tourist office*
Botschaft	*embassy*

Wochentage

Montag/Dienstag	*Monday/Tuesday*
Mittwoch	*Wednesday*
Donnerstag	*Thursday*
Freitag/Samstag	*Friday/Saturday*
Sonntag	*Sunday*

Monate

Januar/Februar	*January/February*
März/April	*March/April*
Mai/Juni	*May/June*
Juli/August	*July/August*
September	*September*
Oktober	*October*
November	*November*
Dezember	*December*

Zahlen

1	*one*	8	*eight*
2	*two*	9	*nine*
3	*three*	10	*ten*
4	*four*	11	*eleven*
5	*five*	12	*twelve*
6	*six*	100	*a (one) hundred*
7	*seven*	1000	*a (one) thousand*

Alle Blickpunkt-Themen in diesem Band:

Register

Register

Bildnachweis
Titel: Tafelberge Three Sisters im Monument Valley in Arizona
Foto: **Interfoto** (Danita Delimont/Brian Jannsen)
Rücktitel: links: **Shutterstock.com** (Kris Wiktor); rechts: **Huber Images** (Susanne Kremer)

Alamy Stock Photo: Paul Briden 22 – **AWL Images:** Michele Falzone 14/15 – **Cobb Mansion:** 37 –
Getty Images: Alan Copson 11.1, 99; Lonely Planet Images/Michael Marquand 11.2; Ben Miller 12.3;
Ed Freeman 103, Ed Freeman 105; Ron Thomas 107.3; Casey Hill 119; Photographer's Choice/Bill
Heinsohn 126; Craig Cozart 133; Yin Yang 144.1 – **Getty Images for InStyle:** Jason Wise 11.3 –
Huber Images: Tim Draper 13.2; Susanne Kremer 23; Mackie Tom 116 – **imago:** blickwinkel 7 – **Look-
photos:** age fotostock 13.3 – **Mark Boisclair Photography Inc.:** 69 – **mauritius images:**
United Archives 12.2; Ken Howard/Alamy 28; Westend61/Fotofeeling 35; age fotostock/Radomir
Hofman 40; Maria Janicki/Alamy 56; Ian Dagnall/Alamy 58/59; age fotostock/Richard Cummins 66;
Patti McConville/Alamy 71.1; Masterfile RM/R. Ian Lloyd 71.3; robertharding/Wendy Connett 79; Udo
Siebig 107.1; Prisma/Heeb Christian 125; robertharding/Richard Maschmeyer 136 – **mauritius
images/robertharding/Michael DeFreitas:** 53.3 – **Mother Road Brewing Co.:** 13.1 – **Shutterstock.
com:** kojihirano 5.1, 10.1, 83; tobkatrina 6.3; topseller 8/9; Dan Kaplan 12.1; D Gentilcore 17.1; IM_photo
17.2; KYPhua 27; Don Mammoser 31; warasit phothisuk 32; Jan_Wojcicki 39; Crystal Sibson 45; canada
stock 46; Patchanokk 49; BCFC 53.2; Tim Roberts Photography 54/55; CrackerClips Stock Media 71.2,
82; ChristianZscheile 72/73; Jeffrey M. Frank 77; Underawesternsky 81; jackanerd 87.1; robert cicchetti
93; Johnny Adolphson 114/115; trekandshoot 144.2 – **stock.adobe.com:** Fotoluminate LLC 4/5; pink
candy 6.1; Andy 9, 88/89; Zack Frank 10.2; f11photo 18/19; DIIMSA.com 42; lucky-photo 53.1; ucky-pho-
to 64; haveseen 87.2; Greg Meland 95; Sean Xu 96; Brad Nixon 100; haveseen 101; mightypix 107.2; Ca-
lin Tatu 108; swisshippo 111; Daniela 112

Impressum

Herausgeber: GRÄFE UND UNZER VERLAG GmbH, Postfach 86 03 66, 81630 München
Leitender Redakteur: Benjamin Happel
Autor: Ralf Johnen
Verlagsredaktion: Nadia Turszynski (verantw.), Nora Köpp, Gernot Schnedlitz, Katja Tegler
Lektorat: Dr. Gabriele Rupp, München
Satz: Angelika Wagener für Intermag Publishing GmbH, München
Bildredaktion: Helen Faehrmann
Schlusskorrektur: Dr. Maria Ponholzer
Reihengestaltung: Eva Stadler
Kartografie: Kunth Verlag GmbH & Co. KG, München
Herstellung: Mendy Willerich
Druck: Drukarnia Dimograf Sp z o.o. (Polen)

Ansprechpartner für den Anzeigenverkauf:
KV Kommunalverlag GmbH & Co. KG, MediaCenter München,
Tel. 089/928 09 60

ISBN 978-3-95689-504-3
1. Auflage 2018

© 2018 GRÄFE UND UNZER VERLAG GmbH, München
ADAC Reiseführer Markenlizenz der ADAC Verlag GmbH & Co. KG, München

LESERSERVICE
adac@graefe-und-unzer.de
Tel. 00800/72 37 33 33 (gebührenfrei in D, A, CH)
Mo–Do: 9–17 Uhr, Fr: 9–16 Uhr

Bei Interesse an maßgeschneiderten B2B-Produkten:
gabriella.hoffmann@graefe-und-unzer.de

GRÄFE
UND
UNZER

Ein Unternehmen der
GANSKE VERLAGSGRUPPE

Unterwegs im Südwesten der USA

Arizona hat keinen 4000er, doch Humphreys Peak bei Flagstaff bringt es immerhin auf 3852 Meter. Autofahrer müssen daher von Oktober bis Mai vielerorts mit Schnee, Eis und gesperrten Straßen rechnen.

■ www.az511.com, www.cotrip.org, www.nvroads.com, www.udot.utah.gov

Klassische Automobile

Der Südwesten ist ein wahres Paradies für Auto-Nostalgiker. Nicht nur die Route 66, sondern auch viele Automuseen und Auktionen erlauben den direkten Kontakt zu Klassikern aus den USA und Europa.

■ Details siehe S. 32, 43, 56

Gipfelfahrten

Die Gipfel der Rocky Mountains sind nicht ganz so hoch wie die der Alpen. Die Straßen hingegen führen deutlich höher hinauf: So wird die Tour auf den Pikes Peak (4302 m) in Colorado zu einem Höhenflug, der so in Europa nicht möglich ist.

■ Details siehe S. 95

Das Recreational Vehicle

Amerikaner lieben ihre RVs. Die Wohnmobile bieten allen erdenklichen Komfort und ermöglichen die Übernachtung in Nationalparks und ähnlichen Attraktionen. Auf den Passstraßen des Südwestens kann die Navigation eine Herausforderung sein, auch haben die bis zu elf Meter langen Gefährte ihren Preis.

■ www.visittheusa.com/ info/camping-rvs

Winterreifen und Schneeketten

Der Südwesten der USA kann sehr heiß sein. Doch alle fünf Staaten sind zugleich sehr bergig: Lediglich